OEUVRES
DE Mme. LA BARONNE ISABELLE DE MONTOLIEU.

LA FAMILLE ELLIOT,

OU

L'ANCIENNE INCLINATION;

Traduction libre de l'Anglais

ORNÉ DE FIGURES.

TOME SECOND.

Sixième Livraison.

PARIS,
ARTHUS BERTRAND, LIBRAIRE,
ÉDITEUR DU VOYAGE AUTOUR DU MONDE PAR LE CAP. DUPERREY,
Rue Hautefeuille, n°. 28.

1828.

OEUVRES

DE Mme. LA BARONNE ISABELLE

DE MONTOLIEU.

TOME XVI.

Imprimerie de Mme. HUZARD (née VALLAT LA CHAPELLE), rue de l'Éperon, n°. 7.

Il s'approcha de la table, montra la lettre à Alice, et sortit sans dire un mot.

LA
FAMILLE ELLIOT,

ou

L'ANCIENNE INCLINATION;

Traduction libre de l'Anglais

D'UN ROMAN POSTHUME DE MISS JANE AUSTEN,

AUTEUR DE RAISON ET SENSIBILITÉ, D'EMMA, etc.

PAR Mme. LA BARONNE

ISABELLE DE MONTOLIEU.

NOUVELLE ÉDITION,

ORNÉE DE FIGURES.

TOME SECOND.

PARIS,

ARTHUS BERTRAND, LIBRAIRE,

ÉDITEUR DU VOYAGE AUTOUR DU MONDE, PAR LE CAP. DUPERREY,

Rue Hautefeuille, n°. 23.

1828.

LA FAMILLE ELLIOT.

CHAPITRE PREMIER.

Le peu de jours qu'Alice avait à passer à Upercross fut consacré uniquement à la grande maison, où elle avait la satisfaction de se sentir utile, soit par sa société, soit en s'occupant des choses essentielles auxquelles M. et madame Musgrove étaient hors d'état de se livrer.

Le lendemain de l'accident de Louisa, le carrosse revint, dès le matin, apporter des nouvelles de Lyme; Louisa était à peu près comme on l'avait laissée; aucun symptôme plus fâcheux ne donnait lieu de craindre pour sa vie, mais elle n'avait pas encore repris ses facultés. Charles arriva quelques heures après, et donna plus de détails et plus d'espérance; ayant assisté à la visite des chirurgiens, il était assez content : une prompte guérison ne pouvait être espérée, mais tout allait aussi bien que possible. Charles ne trouvait pas d'expressions pour peindre les soins, les bontés des Harville, et particulièrement ceux de madame pour la malade : elle l'avait veillée, et ne laissait rien à faire à Maria, qui, d'ailleurs, ayant ses nerfs très-détraqués, était de toute nullité. Madame Harville l'avait renvoyée, ainsi que son mari, passer la nuit à l'auberge, demandant en grâce qu'on se reposât sur elle. Charles voulait absolument rester près de sa sœur ; mais Maria avait déclaré qu'elle était trop malade elle-même pour se passer de lui. Elle avait bien dormi, mais elle se plaignait encore le matin de ses nerfs, qui ne lui permettaient pas de voir sa chère Louisa dans un si triste état ; mais à son départ, elle allait faire une promenade avec le capitaine Bentick, ce qui lui ferait sûrement du bien. Charles aurait voulu pouvoir obtenir d'elle qu'elle revînt auprès de ses enfans ; mais Maria trouvait convenable qu'il y eût là quelqu'un de la famille, et pensait que c'était elle qui devait y rester : elle était fâchée seulement que ses nerfs l'empêchassent absolument de supporter le bruit des enfans, sans quoi elle aurait pu se charger de ceux de madame Harville, pendant que leur mère était occupée auprès de Louisa ; mais Charles savait bien qu'elle ne pouvait souffrir même les siens près d'elle au-delà d'un quart d'heure. Charles avait promis de retourner à Lyme dans l'après-dînée, et son père eut d'abord l'idée d'aller avec lui ; mais sa femme et sa fille n'y voulurent pas consentir : « Tant que Louisa, dirent-elles, sera dans ce fâcheux état, vous ne ferez que multiplier les embarras dans la petite demeure des Harville, augmenter sa propre détresse, et donner peut-être une trop forte émotion à la malade si elle sort de sa léthargie. » Un plan beaucoup plus sage et plus utile fut proposé par Alice, et unanimement approuvé. On convint que Charles mènerait à Lyme la bonne Sarah, ancienne domestique de la famille, où elle avait ses invalides. Elle avait élevé tous les enfans l'un après l'autre ; et maintenant qu'elle n'avait d'autre occupation que celle de soigner les malades du village, elle serait trop heureuse d'aller auprès de sa chère miss Louisa. Madame Musgrove avait d'abord eu le désir que sa fille eût auprès d'elle sa bonne Sarah ; mais sans Alice, qui la fit partir, une chose aussi simple et aussi utile aurait trouvé mille difficultés.

George Hayter fut bientôt là dès qu'il eut

appris le malheur de Louisa et le retour de sa bien-aimée Henriette ; il s'offrit de servir de courrier, et d'aller chercher des nouvelles sûres toutes les vingt-quatre heures, ce qui fut accepté avec la plus tendre reconnaissance : le plus doux regard de son Henriette, et un serrement de main de sa cousine chérie, furent sa récompense. Il partit à cheval, et revint apportant de bonnes nouvelles : les intervalles du retour des sens de la malade étaient plus rapprochés : elle avait regardé son cousin, et avait eu l'air de le reconnaître. On exigeait encore les ménagemens les plus suivis ; il ne lui fallait aucune émotion. Le capitaine Wentworth s'était tout-à-fait établi à Lyme. Les parens furent plus tranquilles.

Mais Alice devait les quitter le lendemain, et tous appréhendaient ce moment. Que feraient-ils sans elle ? Elle seule leur donnait du courage ; ils étaient de tristes consolateurs les uns pour les autres. Cela fut tant et tant répété, qu'Alice, ne pouvant rester sans déplaire à lady Russel, qui venait la chercher, prit sur elle de leur conseiller d'aller s'établir à Lyme, à l'auberge, ou dans un logement particulier, jusqu'à ce que Louisa fût en état d'être transportée ; à Upercross, ils pourraient au moins, eux dont les nerfs supportaient le bruit des enfans, veiller sur ceux des Harville pendant que leur mère était chargée de Louisa. Ils furent tous aussi heureux de cette idée qu'Alice le fut elle-même de la leur avoir donnée ; elle en pressa l'exécution, arrangea tout pour leur départ, qui eut lieu le lendemain matin de bonne heure, avant celui d'Alice, qui attendait lady Russel. Après avoir mis tout en ordre à la grande maison pendant l'absence des maîtres, elle fut au cottage pour ramener ses deux petits neveux à leur bonne ; elle s'y trouva la seule personne de la société nombreuse des deux maisons, et de toute cette réunion si joyeuse qu'un accident avait fait passer de la gaîté à la tristesse. La solitude régnait actuellement dans ces demeures. Mais Louisa se rétablira, et la joie y reparaîtra bientôt, et plus vive encore qu'avant ce malheureux incident, qui, sans doute, aurait des suites qu'elle ne prévoyait que trop. La chute de cette jeune personne, dont le capitaine Wentworth disait être la cause, avait beaucoup ajouté à l'intérêt qu'elle lui inspirait déjà, et le déciderait sans doute à l'épouser après son rétablissement. Encore quelques mois, et ces chambres à présent si désertes seront remplies ; on y célébrera l'union de deux époux passionnés l'un pour l'autre. Tout ici sera content, heureux, comme j'aurais pu l'être, pensait Alice, et mes relations avec la famille ajouteront à mon supplice : toujours forcée de feindre, de cacher avec soin tous les sentimens dont mon cœur est oppressé.... Mais non, non; une fois que ce lien sera formé, et le ciel veuille que ce soit bientôt, je suis bien sûre que le mari de Louisa ne sera plus à mes yeux qu'un être indifférent, dont je désirerai le bonheur comme celui de tous mes semblables, et parce que je crois qu'il le mérite.

Elle eut une heure ou deux de loisir pour se livrer à ses réflexions, qui devinrent enfin aussi sombres que le temps. C'était un des jours les plus nuageux du mois de novembre; une pluie fine et épaisse empêchait de se promener, frappait contre les fenêtres et obscurcissait l'horizon. Le roulement du carrosse de lady Russel lui fit donc un grand plaisir; et cependant, malgré celui de retrouver son amie, malgré son désir de partir, elle ne put s'éloigner sans un serrement de cœur qu'elle ne savait comment définir, et qu'elle mit sur le compte de ses petits neveux, qui la suivaient en criant : *Adieu, bonne tante Alice; reviens bientôt.*

Mais d'autres souvenirs encore se présentaient en foule en quittant ce séjour, où elle avait revu Wentworth après une si longue séparation, où lui-même avait trouvé l'heureux objet qui devait le fixer, et les séparer à jamais; elle se rappelait jusqu'à la plus légère circonstance. Quelquefois l'excès de la froideur de Wentworth lui avait donné quelque douce espérance de ne lui être pas indifférente. Elle aussi était en apparence de glace avec lui, pour cacher la flamme qui était encore dans son cœur : s'il en était de même, si cette indifférence, trop affectée pour être l'effet de l'oubli, cachait un sentiment que Frederich ne croit plus partagé ?.. Mais ses attentions pour Louisa vinrent bientôt anéantir ce prestige, et son dévouement depuis cette malheureuse chute acheva de lui ôter tout espoir d'une réconciliation.

Elle n'avait pas été à Kellinch-Hall depuis le mois de septembre; quand elle le quitta avec lady Russel, comme cela n'était nullement nécessaire, et qu'elle redoutait cette émotion, elle avait évité les occasions qui s'étaient présentées. Son cœur battit fort en revoyant ces lieux chéris, quoiqu'elle ne vît encore que l'élégante et moderne maison de son amie, assez éloignée du château : elle eut du plaisir à se retrouver dans sa jolie chambre, où lady Russel l'installa de nouveau avec une grande joie.

Elle était cependant mêlée de quelque inquiétude ; le retour du capitaine Wentworth était parvenu aux oreilles de lady Russel ; elle savait qu'il avait fréquenté assidûment les deux maisons d'Upercross, et ne doutait pas que son Alice ne fût l'objet de cette assiduité ; elle ne parla point de lui, mais examina sa jeune amie avec plus d'attention ; elle la trouva embellie ; ses joues étaient plus rondes, son teint plus coloré : était-ce le plaisir d'avoir retrouvé son amant qui produisait ce changement heureux ? Elle lui en fit compliment. Alice sourit, dit que sa santé était meilleure, et, réunissant ce que disait lady Russel à l'admiration silencieuse de son cousin Elliot, elle pensa, en étouffant un soupir, que ce retour de son printemps de jeunesse et de beauté n'avait pas amené un retour d'amour dans le cœur de Wentworth. Son nom ne fut pas encore prononcé. Lady Russel mit l'entretien sur Bath, sur sir Walter, sur madame Clay, enfin sur tout ce qui occupait vivement Alice quand elle quitta Kellinch-Hall, et qui n'était plus à présent pour elle que des objets d'un second intérêt ; elle avait tout-à-fait perdu de vue et Bath, et son père, et sa sœur : toutes ses pensées étaient à Upercross ; et quand lady Russel lui parlait avec chaleur de son espoir, de ses craintes, de l'établissement de sir Walter dans le plus brillant quartier de Bath, de la considération qu'on lui témoignait, et de son chagrin que madame Clay fût chez lui, Alice aurait été bien honteuse si son amie avait lu dans son cœur combien elle pensait à Lyme, au mal de Louisa Musgrove, à sa guérison, à son retour à Upercross ; combien elle était plus intéressée au petit logement des Harville et aux lectures du capitaine Bentick, qu'au bel appartement de son père à Camden-House, et à l'intimité de sa sœur avec madame Clay. Elle fut obligée de se forcer pour avoir avec lady Russel l'apparence d'une sollicitude égale au moins à la sienne ; mais elle préférait encore ce sujet de conversation à celui qui suivit naturellement. Il avait bien fallu instruire lady Russel de l'accident de Louisa, et lui expliquer par quel événement il n'y avait qu'Alice seule dans les deux maisons d'Upercross ; celle-ci raconta d'abord la chose en peu de mots, mais ensuite son amie voulut plus de détails sur une chute aussi fâcheuse. Alice en avait été témoin ; et, pressée par les questions de lady Russel, il fallut entrer dans tous les détails et répéter souvent le nom du capitaine Wentworth. En le prononçant sa voix tremblait, elle n'osait regarder son amie, et risquer de rencontrer ses yeux pénétrans ; elle prit enfin le parti de lui confier ce que tout le monde pensait de l'attachement que le capitaine semblait avoir pour Louisa, et de la probabilité de leur mariage, si, comme on l'espérait, elle se rétablissait ; quand elle eut dit cela, elle put parler de Wentworth plus librement.

Lady Russel écouta cette nouvelle avec une indifférence affectée, en disant qu'elle leur souhaitait beaucoup de bonheur ; mais le son altéré de sa voix, un léger haussement d'épaules, un sourire moitié gracieux, moitié amer, décelaient, au milieu du plaisir que lui faisait cette nouvelle, une colère intérieure, ou plutôt un profond mépris pour l'homme qui, à vingt-trois ans, avait paru sentir la valeur d'Alice Elliot, et qui pouvait, huit ans plus tard, être charmé par l'insignifiante et petite étourdie Louisa Musgrove.

Trois ou quatre jours se passèrent tranquillement sans être marqués par aucune circonstance que la réception d'un ou de deux bulletins de Lyme, qui parvinrent à miss Elliot sans qu'elle sût de quelle part, et qui lui donnèrent des nouvelles plus satisfaisantes de Louisa. Lorsque lady Russel fut reposée, sa politesse et l'usage du monde dont elle se piquait plus que personne, reprirent le dessus, et lui firent sentir qu'elle ne pouvait plus retarder sa visite chez les Croft.

« Il faut que j'y aille absolument, dit-elle un matin : Alice, avez-vous le courage d'y venir avec moi, de revoir cette maison ? Ce sera une rude épreuve pour toutes deux. »

Alice y consentit d'abord, et sentait véritablement ce qu'elle dit à lady Russel :

« Vous devez souffrir plus que moi ; j'ai mieux pris mon parti que vous sur ces changemens, et je m'y suis tout-à-fait accoutumée en demeurant dans le voisinage. » Elle aurait pu ajouter : Et par la bonne opinion qu'elle avait prise de ceux qui remplaçaient son père à Kellinch-Hall. La paroisse avait l'excellent exemple d'un ménage bien uni, les pauvres tous les secours d'une charité active et de la bienveillance. Elle était forcée de s'avouer à elle-même que Kellinch-Hall avait tout gagné en changeant de maître. Cette conviction avait bien son côté pénible qu'elle sentait vivement ;

mais cette peine n'était pas celle que lady Russel redoutait pour sa jeune amie, en se retrouvant dans cette maison, dans ces appartemens qui lui retraçaient tant de choses : hélas ! ils lui retraçaient aussi des momens bien pénibles, des cœurs glacés, indifférens pour elle, une vanité puérile ; mais non, le souvenir de sa mère, la place toujours respectée où elle l'avait vue remplissant tous ses devoirs, étaient la seule chose qui excitait chez Alice un soupir de tristesse ou de regret. Elles y allèrent donc la matinée.

Madame Croft accueillait toujours Alice avec une bonté qui lui donnait le plaisir de penser qu'elle était sa favorite ; et la recevant pour la première fois à Kellinch-Hall, elle redoubla d'attentions pour elle.

Le triste accident de Lyme devint bientôt le sujet d'entretiens : en comparant les derniers bulletins, il parut que chacun l'avait reçu de la même main et à la même heure, et que c'était le capitaine Wentworth qui les avait écrits. Il était venu à Kellinch-Hall la veille au matin (pour la première fois depuis l'accident) ; il avait envoyé à Alice les dernières nouvelles qu'elle avait reçues, n'était resté que peu d'heures avec sa sœur et son beau-frère, et était retourné à Lyme le même soir, sans annoncer aucune intention de revenir avant la famille Musgrove. Il s'était informé avec un intérêt particulier de miss Alice Elliot, espérant que sa santé n'avait pas souffert des peines qu'elle avait prises, et madame Croft répéta combien il avait donné d'éloges à sa présence d'esprit, à son courage, à sa sensibilité. Ce fut un moment délicieux pour la sensible Alice que d'entendre cet éloge sortir de la bouche et du cœur de Wentworth, et répété par sa sœur.

Quant à la catastrophe en elle-même, elle fut jugée également par ces deux dames, comme la conséquence naturelle de beaucoup d'étourderie et d'imprudence, dout les suites pouvaient être affreuses. Si la vie de cette jeune personne était sauvée, ce qui était encore douteux, son intellect pouvait avoir beaucoup souffert. Lady Russel cita nombre de chutes sur la tête, qui avaient eu les plus fâcheux résultats; elle pouvait rester folle ou imbécille, et il serait plus heureux pour elle de mourir.

« J'espère bien, dit vivement madame Croft, qu'aucun de ces malheurs n'arrivera; mon pauvre frère serait trop à plaindre.

« — Et il n'aurait que ce qu'il mérite, dit en riant l'amiral ; plaisante manière de faire sa cour que de briser la tête de sa belle ! Passe pour la tourner par ses doux propos ; mais la jeter sur le pavé est aussi trop rude. Si elle en revient, qu'elle soit folle, laide ou imbécille, c'est égal, il faut qu'il l'épouse, et qu'il la soigne le reste de sa vie ; et si elle meurt, il ne lui reste plus qu'à se pendre ou se consoler. Qu'en pensez-vous, miss Elliot ? N'êtes-vous pas de mon avis ? »

Elle ne put prendre sur elle de répondre ; et sans doute, malgré tous ses efforts pour se surmonter, un nuage de tristesse s'était répandu sur son aimable visage. Les deux dames causaient ensemble, et ne s'en aperçurent pas ; mais l'amiral, après un instant de rêverie, s'approcha d'elle, et lui dit de ce ton de bonhomie et de simplicité qui le caractérisait : « Je comprends très-bien, chère miss Elliot, que tout ici vous attriste ; revenir dans votre demeure, et, au lieu de vos amis naturels, n'y trouver que des étrangers ! Je n'y avais pas pensé d'abord ; mais je comprends bien que c'est très-triste. Ne vous gênez pas, chère miss Elliot, vous êtes aussi avec des amis ; agissez sans cérémonie ; levez-vous, allez parcourir les jardins et toutes les chambres de la maison, si vous le voulez, comme si vous étiez encore chez vous ; vous trouverez tout en ordre, et cela vous fera plaisir. »

Alice était enchantée de la bonté de cœur et de la simplicité de cet excellent homme ; elle refusa son offre pour le moment, mais en lui témoignant sa reconnaissance.

« Vous ne voulez pas ? dit-il ; comme cela vous conviendra : quand vous désirerez vous promener, vous n'aurez qu'à prendre une ombrelle, sortir, rentrer sans mot dire. Vous verrez que nous avons fait peu de changemens, très-peu ; et comme c'est Sophie qui les a dirigés, je vous promets qu'ils sont très-bons et très-utiles : vous pourrez dire à sir Walter que M. Shepherd les a tous approuvés. Dans ma chambre, je me suis contenté d'ôter toutes ces grandes glaces : je ne comprends pas ce que sir Walter pouvait faire d'une telle quantité de miroirs, il y en a assez d'un pour voir qu'on vieillit tous les jours ; aussi j'ai dit à madame Croft : Sophie, allons enlever et cacher tous ces objets, qui prouvent à chaque instant qu'on n'est plus jeune. Elle a voulu en laisser un sur la cheminée, j'y ai consenti, mais je n'en approche que rarement.»

Alice s'amusait de ce ton de bonhomie, quoiqu'elle éprouvât cependant une sorte d'embarras à entendre plaisanter sur une des manies de son père; elle rompit cette conversation; et l'amiral, craignant de n'avoir pas été assez poli, lui dit encore avec effusion de cœur :

« La première fois que vous écrirez à votre bon père, miss Elliot, dites-lui mille amitiés de ma part et de celle de Sophie; assurez-le que nous nous trouvons aussi bien à Kellinch-Hall que si nous y avions vécu toute notre vie; tout est à merveille. La cheminée de la chambre à manger fume bien un peu quand le vent du nord donne, mais il ne souffle pas toujours; les fenêtres du salon ne ferment pas bien, mais il n'y a qu'à ne pas l'habiter l'hiver, et l'été on ne s'aperçoit pas de cela; ces misères ne sont rien, et je n'ai pas vu d'emplacement ni de maison qui me convinssent mieux que ceux-ci. Ne manquez pas de lui faire part de notre satisfaction; il sera charmé de savoir ce que nous pensons de Kellinch-Hall. »

Lady Russel et madame Croft se plurent beaucoup mutuellement; mais leur connaissance, qui serait probablement devenue très-intime, fut bornée momentanément à cette visite : les Croft dirent qu'ils allaient partir pour le nord, où ils voulaient voir quelques parens, et qu'ils ne seraient sans doute pas de retour avant le départ de lady Russel pour Bath.

Ainsi tout danger pour Alice de rencontrer le capitaine Wentworth à Kellinch-Hall, et de le voir en société avec son amie, était anéanti; elle sourit en pensant combien elle avait eu d'inquiétudes inutiles à ce sujet, puis elle soupira, en se disant tristement : « Tout est fini, je ne le reverrai que l'époux de Louisa, qu'elle trouvait bien heureuse, malgré ses souffrances. »

CHAPITRE II.

Quoique Charles et Maria eussent prolongé leur séjour à Lyme au delà de ce qu'Alice l'avait pensé, et qu'elle fût peinée de ce que sa sœur abandonnait aussi long-temps ses enfans, elle fut surprise, connaissant aussi bien Maria, d'apprendre son retour à Upercross avant celui de M. et madame Musgrove. Ce que madame Charles supportait le moins après la contradiction, c'étaient la solitude et l'ennui; aussi la vit-on arriver à Kellinch-Lodge deux jours après : elle avait laissé Louisa hors de danger; elle commençait à se lever quelques heures chaque jour; sa tête était excessivement faible, quoique ses idées fussent assez nettes; mais ses nerfs étaient devenus si délicats, si susceptibles, que la moindre chose lui donnait une émotion extrême, ou bien excitait sa sensibilité : en sorte que, quoiqu'elle fût en convalescence, il était encore impossible de décider quand elle pourrait supporter le voyage et revenir à la maison. Les fêtes et les vacances de Noël approchaient; M. et madame Musgrove étaient obligés de se rendre à Upercross pour recevoir leurs enfans cadets qui venaient passer ce temps avec leurs parens; ils n'espéraient pas pouvoir ramener Louisa avec eux. Ils avaient pris tous ensemble un logement près de celui des Harville, et la bonne maman Musgrove s'était chargée des enfans de l'aimable garde-malade de sa fille. Louisa, accoutumée à sa douceur, à ses tendres soins, ne pouvait s'en passer. Tous les jours les Musgrove étaient retenus à dîner chez les Harville; mais M. Musgrove avait soin de faire venir de chez lui des provisions de fruits, de légumes, de gibier, de tout ce que sa terre produisait : la liaison entre les deux familles était devenue très-intime. Mesdames Musgrove et Harville se convenaient à merveille; M. Musgrove reprenait une nouvelle vie en causant avec le capitaine Harville, rapproché de son âge par ses infirmités; Charles s'attachait au capitaine Bentick; les enfans, du même âge que les cadets Musgrove, se lieraient aussi par la suite : les bonnes mères allaient plus loin, elles arrangeaient dans leurs têtes et dans les cœurs des inclinations, des mariages futurs; et certes, ils prouvaient la vérité de cet adage, *qu'à quelque chose malheur est bon*

Maria seule n'aimait personne qu'elle, et ne plaisait guère par elle-même ; mais comme elle faisait partie de la famille Musgrove, elle eut sa bonne part des politesses et des attentions des bons Harville ; elle n'avait qu'à s'en louer. Mais, suivant sa coutume, elle avait encore mille sujets de plaintes : George Hayter était venu à Lyme plus souvent qu'elle n'aurait voulu ; elle n'aimait pas dîner chez les Harville, qui n'avaient point de laquais ; on était servi à table par une femme de chambre, ce qui lui était insupportable et lui ôtait absolument l'appétit : ce qui l'avait le plus vexée, c'est qu'on donnait en toute occasion la prééminence à madame Musgrove la mère, qu'on la plaçait au-dessus d'elle à table, oubliant tout-à-fait qu'elle était fille de sir Walter Elliot ; cependant le capitaine Harville lui avait dit une fois qu'elle avait l'air si jeune, qu'elle était si fraîche, qu'il ne pouvait la croire mariée, ce qui l'avait un peu consolée. Elle aimait d'ailleurs passionnément le mouvement et le séjour de Lyme ; elle passait la matinée à courir les rues et les magasins ; il y en avait un de modes où l'on faisait assez bien les chapeaux, témoin celui qu'elle portait, et un libraire qui avait les plus jolis romans du monde.

On l'avait menée à Charmouth; elle s'était baignée; elle avait été à l'église, où tout le monde l'avait regardée; enfin elle avait passé là un temps très-agréable, et trouvait, sans oser le dire, que sa belle-sœur avait eu bien de l'esprit de se casser la tête à Lyme.

Tout cela fut raconté par Maria à sa sœur et à lady Russel avec beaucoup de volubilité, et le nom du capitaine Wentworth fut répété plus d'une fois. Pour éviter de s'étendre sur ce chapitre, qu'elle aimait et redoutait à-la-fois, Alice parla de l'intéressant capitaine Bentick, et demanda de ses nouvelles; Maria souleva les épaules, un nuage se répandit sur son visage. « Le capitaine est très-bien, dit-elle, mais très-ridicule avec ses caprices; on ne sait quelquefois ce qu'il veut; nous l'avons invité à venir passer avec nous quelques jours au *cottage*; il nous aurait sauvé l'ennui de la solitude, c'était au moins quelqu'un à qui parler : Charles voulait le mener à la chasse; il avait accepté et paraissait content; je croyais que tout était arrangé, quand tout-à-coup, la veille de notre départ, il nous fit de très-maussades excuses, et voulut rester à Lyme. « Je ne chasse jamais, dit-il, et je gênerais Charles. » Avez-vous entendu rien d'aussi ridicule? Comme si je chassais, moi! Nous aurions laissé Charles courir les bois; et le capitaine m'aurait tenu compagnie; il n'aurait pas été bien malheureux, je crois? Mais non, il a voulu rester, et il a bien fait; je ne connais rien d'ennuyeux comme la société d'un homme mélancolique, dont le cœur est brisé par l'amour et le chagrin. »

Charles se mit à rire.

« Maria, dit-il, vous savez très-bien que si M. Bentick a le cœur *brisé d'amour*, il ne l'est plus de chagrin : c'est votre ouvrage, Alice; vous l'avez guéri de sa douleur, mais non de l'amour. Lorsqu'il accepta notre invitation, il croyait que vous viviez avec nous, et qu'il vous retrouverait au *cottage*; mais quand il sut que vous étiez chez lady Russel, à trois milles d'Upercross, il ne s'est plus soucié de venir. Cela est un fait, sur mon honneur; Maria le sait aussi bien que moi. »

Lady Russel se hâta de regarder sa jeune amie; elle souriait, mais n'avait point rougi. Maria ne voulut convenir de rien, et parut assez piquée qu'on vînt chez elle pour Alice; celle-ci tourna la chose en plaisanterie, dit qu'elle était très-flattée de sa conquête, et continua ses questions sur son *triste adorateur* Bentick.

« Oh ! je vous assure qu'il est beaucoup moins triste, dit Charles ; il parle souvent de vous, et avec plaisir, cela se voit ; n'est-ce pas, Maria, qu'il est très-animé quand il parle de votre sœur ?

— Je ne sais ce que vous voulez dire, répondit-elle avec humeur ; je déclare que je ne l'ai pas entendu nommer Alice deux fois. Je suis fâchée de contredire Charles ; mais le capitaine s'entretient peu de ma sœur.

— Avec vous, peut-être, dit Charles ; mais je sais qu'il s'en occupe extrêmement. Il a lu quantité de livres sur votre recommandation, Alice, et il est très-impatient d'en parler avec vous. Je ne me rappelle pas ce qu'il m'a récité plusieurs fois, mais c'était très-beau. Je lui ai entendu dire à Henriette : « C'est un ouvrage excellent ; je remercie beaucoup miss Elliot de me l'avoir indiqué ; elle a un goût parfait, un jugement si exquis, si éclairé, si rare chez une jeune femme qui pourrait avoir d'autres prétentions ! Elle réunit tout, modestie, douceur, élégance, esprit, beauté. » Voilà, Maria, ce que j'ai entendu de mes deux oreilles. Il ne tarissait pas sur les éloges de miss Elliot. » Alors Alice rougit un peu, et rencontra les regards de lady Russel attachés sur elle.

« Il faut que je voie ce M. Bentick avant de me prononcer, » lui dit lady Russel en souriant.

« Je vous promets que vous le verrez bientôt, dit Charles ; quoiqu'il n'ait pas voulu venir avec nous vous faire, milady, une visite de cérémonie, je parierais qu'il ne tardera pas à chercher l'occasion de rencontrer Alice, soit à Upercross, soit chez l'amiral Croft. Il m'a demandé si l'église de Kellinch était digne d'être vue, et si nos environs étaient romantiques. Il a du goût pour tout ce qui est...... Comment, dit-il, Maria ? Ah ! je me le rappelle, pour tout ce qui est pittoresque. Je l'ai assuré que nos jardins, nos parcs, et nous-mêmes l'étions extrêmement : je ne doute pas, d'après cela, qu'il ne soit bientôt ici. Recevez-le bien, lady Russel ; sur ma parole, il est très-intéressant : Alice peut vous le dire, il lui plaisait beaucoup.

— Toutes les connaissances d'Alice seront bienvenues chez moi : » telle fut la réponse de lady Russel.

« Ah ! quant à cela, s'écria Maria, vous ne nierez pas, je pense, qu'il ne soit beaucoup plus ma connaissance que celle d'Alice, puisque nous venons de passer quinze jours ensemble ?

— C'est une raison de plus pour qu'il soit bien accueilli, madame, dit poliment lady Russel. Votre ami, celui de M. Charles Musgrove...

— Il n'est point du tout mon ami, interrompit-elle avec aigreur, et je déclare que je n'ai vu en ma vie un jeune homme plus ennuyeux ; vous ne le trouverez pas du tout aimable, je vous assure. Il se promenait quelquefois avec moi d'un bout du *cobb* à l'autre, sans avoir un mot à me dire : les bras croisés, il regardait la mer en soupirant. Ce n'est pas là un homme bien élevé : ah ! je suis bien sûre qu'il vous déplaira comme à moi.

— Nous pensons bien différemment, Maria, dit Alice ; je crois, au contraire, qu'il sera tout-à-fait du goût de lady Russel ; il a de l'esprit, de l'instruction, point d'affectation, de pédanterie ; il parle peu, mais ce qu'il dit est toujours bien ; et je n'ai rien vu dans ses manières qui dénotât la mauvaise éducation, au contraire.

— Je pense ainsi, dit Charles ; c'est précisément de ces gens que lady Russel préfère. Ce n'est pas un écervelé comme Wentworth et moi, qui ne pensons qu'à courir ; donnez-lui un livre, et il lira tout le jour.

— Ah ! oui, c'est bien cela, reprit Maria ; il

aura le nez collé sur chaque page sans écouter ce qu'on lui dit, sans relever vos ciseaux ou vos gants s'ils tombent, sans avoir jamais un mot galant à vous adresser. Comment peut-on penser que lady Russel aimera un tel homme ? elle toujours si polie, et qui parle si bien ! »

Lady Russel sourit. « Vous voulez gagner votre juge, Maria, lui dit-elle. Vraiment, je suis curieuse de voir une personne sur laquelle les opinions sont si différentes : je désire fort qu'on l'engage à venir chez moi ; quand je l'aurai vu, je vous promets de vous dire ce que j'en pense ; jusqu'alors, brisons là-dessus ; je ne veux pas être influencée.

— Vous ne l'aimerez pas, j'en réponds. Notre cousin Elliot est, j'en suis sûre, beaucoup plus aimable ; il a de si jolis chevaux ! tout-à-fait la tenue d'un homme comme il faut. Si nous lui avions seulement parlé ! » Maria conta alors avec beaucoup de feu leur rencontre à Lyme avec M. Elliot, qu'elle trouvait très-singulière.

« Pour celui-là, dit lady Russel, je décide, sans l'avoir vu, qu'il m'est insupportable, et que je n'ai nulle envie de le connaître. Son refus de rendre ses devoirs au chef de la famille, son mariage sans le consulter, tous ses procédés avec sir Walter, ont fait sur moi une impression très-défavorable. »

Maria n'était pas heureuse dans ses jugemens ; la décision de lady Russel l'arrêta au milieu de ses éloges sur M. Elliot : elle se rejeta alors sur ceux du capitaine Wentworth, auquel la fière lady et la trop sensible Alice n'ajoutèrent rien ; mais, sans faire de questions, la dernière apprit ce qu'elle voulait savoir. A mesure que Louisa se remettait, il reprenait sa gaîté et sa vivacité ; elle était le thermomètre de son humeur, et certainement il l'aimait avec passion. Elle avait cru qu'il deviendrait fou de désespoir la première semaine ; depuis qu'on répondait de sa vie, c'était un autre homme. Il ne l'avait pas vue encore ; il craignait si fort pour elle l'émotion de cette entrevue, qu'il ne pressait point pour qu'elle eût lieu ; au contraire, il parlait de s'absenter pour huit ou dix jours, jusqu'à ce que la tête de la malade fût assez forte pour revoir sans danger l'homme dont l'imprudence a failli lui coûter la vie. Sa présence pouvait, dit-il, produire une révolution fâcheuse sur quelqu'un d'aussi faible, et leur rappeler trop à tous deux cet affreux moment auquel il n'osait penser. Il se disposait à aller passer une semaine à Plymouth, et pressait le capitaine Bentick de s'y rendre avec lui.

« Mais il l'a aussi refusé, dit Charles, et je parierais que c'est pour être libre de venir ici. »

De ce moment, Alice et lady Russel pensèrent souvent à l'arrivée du capitaine Bentick, et en parlèrent quelquefois. Alice ne croyait point avoir fait sa conquête, et n'y pensait même pas; mais ce jeune homme l'intéressait sous d'autres rapports. Malheureux aussi dans son premier amour, elle le plaignait du fond de l'âme; elle aurait voulu, non pas le consoler, mais lui faire un peu de bien en calmant son imagination par de bonnes lectures. Lady Russel était impatiente de juger si c'était un parti digne de sa favorite. Elle n'entendait pas sonner la cloche d'entrée sans croire qu'on allait l'annoncer. Alice ne revenait pas de ses promenades solitaires dans le parc de son père ou dans le village, où elle portait quelques aumônes, sans croire qu'elle le retrouverait. Mais il ne parut pas, et après une semaine d'attente, lady Russel décida que Maria avait raison, que le capitaine Bentick était un jeune homme mal élevé et tout-à-fait indigne de l'intérêt qu'elle commençait à prendre pour lui.

Les vieux Musgrove revinrent chez eux pour y recevoir leurs heureux enfans qui étaient en vacances ; ils amenaient avec eux tous ceux des Harville pour augmenter le tapage à Upercross et l'éloigner de Lyme. Louisa ne pouvait pas encore sortir de sa chambre, et Henriette était restée avec elle.

Lady Russel et Alice firent leur visite à madame Musgrove. Alice trouva un parfait contraste avec la solitude où elle avait laissé le salon d'Upercross ; il était même plus bruyant, plus animé que lorsqu'elle y jouait tristement des contre-danses sur le piano, pour faire danser les miss Musgrove, les miss Hayter, Wentworth, George, Charles et toute la bande joyeuse ; et à présent une autre réunion plus jeune et plus franchement gaie le remplit. Maman Musgrove, entourée de cinq filles ou fils des Harville, avait assez de peine à les défendre de la tyrannie et des coups des deux petits garçons du *cottage* invités pour les amuser, et dont les manières se ressentaient de l'absence de tante Alice. D'un côté, autour d'une table, les cadettes Musgrove et les aînées Harville découpaient en figures bizarres du papier doré, causaient, riaient toutes ensemble. De l'autre, une grande table, succombant sous le poids des gâteaux et des viandes de toute espèce, était entourée d'une demi-douzaine de jeunes garçons de dix à douze ans, moitié Harville, moitié Musgrove, sautant, criant, se battant à qui viderait le plus tôt les plats et ferait le plus de vacarme. Un feu de charbon de terre pétillait dans la grille de la grande cheminée, et augmentait le bruit général. Charles et Maria étaient là aussi, le premier excitant les enfans, la seconde grondant d'une voix aigre; M. Musgrove faisant les honneurs du salon à lady Russel, en lui parlant comme s'il eût été au milieu de ses bois, et ayant peine à se faire entendre. C'était un beau tableau d'une famille anglaise aux fêtes de Noël.

Lady Russel, la main sur le front, fit signe à Alice que sa tête en sautait; Alice elle-même, quoiqu'elle aimât les enfans, les trouvait un peu trop nombreux et bruyans. Maman Musgrove la fit asseoir près d'elle pour la remercier plus cordialement de ses attentions pour eux tous pendant le terrible accident de sa fille; elle récapitula minutieusement tout ce qu'elle avait souffert elle-même : « Mais il n'en est plus question, dit-elle en jetant un doux regard au-

tour d'elle; après une vive inquiétude, rien ne soulage comme la tranquillité et le plaisir d'être chez soi au coin du feu. — Louisa, lui dit-elle, est mieux de jour en jour; elle espérait qu'elle pourrait revenir jouir de ces innocens plaisirs, avant que ses frères et ses sœurs retournassent à leur école (Alice en trembla pour la pauvre convalescente, dont la tête devait être si faible).
— Les Harville et M. Bentick me rameneront mes filles, continua la bonne mère. Notre cher capitaine Wentworth est allé voir son frère dans le Shropshire; mais il reviendra bientôt, et sera, je l'espère, souvent ici, ainsi que vous, chère miss Elliot : il pourra vous amener, puisque vous êtes à Hellinch. Alice la remercia, et lui dit qu'elle ne quitterait pas lady Russel. — Elle nous fera honneur et plaisir de vous accompagner, dit madame Musgrove. » Lady Russel remercia par un salut; et faisant un signe à Alice, elles partirent : « Que le ciel m'en préserve! dit-elle en s'asseyant dans la voiture : j'ai la tête plus abîmée, j'en suis sûre, que miss Louisa. »

Chaque personne a son goût particulier pour le bruit, comme pour toute autre chose; tel qui ne supporte pas les cris et le tapage de l'enfance ne se plaint point de celui que fait dans un théâtre un parterre tumultueux, ou du brouhaha d'une assemblée. Lady Russel, malade d'avoir passé une heure dans le salon de madame Musgrove, ne se plaignit point lorsque, quelque temps après, elle traversa la longue rue de Bath, du roulement sur le pavé d'une foule d'équipages, des cris de ville, des coups de marteau qu'on donnait à chaque porte ; le vacarme de son quartier d'hiver lui paraissait charmant ; et, comme madame Musgrove, elle aurait dit volontiers qu'après un long séjour à la campagne rien ne fait plus de bien qu'un peu de mouvement et de bruit.

Alice ne partageait pas ce sentiment ; elle persistait en silence dans son dégoût pour le séjour de Bath. Ces rues humides, ces grands et sombres bâtimens, dont pas un ne renfermait un ami, pas même une connaissance, attristaient son cœur en traversant la ville, où personne ne serait bien aise de la voir arriver, où pas un sourire de bienveillance ne l'accueillerait. Il y avait cependant à Bath un être qui n'était pas sans intérêt pour elle ; la dernière lettre d'Elisabeth lui avait appris que leur cousin Elliot y était arrivé, et paraissait mettre autant de soin à les rechercher qu'il en avait mis à s'éloigner d'eux. Cette nouvelle les étonna :

lady Russel en fut très-occupée, et parla souvent de M. Elliot, regrettant ce qu'elle avait dit de lui à Maria, et paraissant très curieuse de le connaître. « Si réellement, disait-elle, il sent ses torts et cherche à les réparer, il faut les oublier, et rattacher au tronc de la famille cette branche isolée. » Dans cette occasion, elle pensait plus à Élisabeth qu'à Alice, uniquement parce qu'elle était l'aînée, et qu'il était dans la règle qu'elle se mariât la première.

Alice sentait aussi qu'elle reverrait M. Elliot avec plaisir, et c'était plus qu'elle ne pouvait dire de qui que ce fût à Bath.

Elles arrivèrent à Camben-Place : Alice descendit chez son père, et lady Russel poursuivit sa route pour se rendre à Rivers-Street, lieu de son domicile.

CHAPITRE III.

Sir Walter avait loué à Camben-Place, le plus beau quartier de Bath, une très-belle maison, telle enfin que devait être la demeure d'un homme de son importance ; lui et sa fille y étaient établis à leur grande satisfaction. Alice y entra avec le cœur bien serré, sentant déjà le froid glacial de l'accueil qu'elle allait recevoir, et ne pouvant s'empêcher de se dire à elle-même : « Quand arrivera le moment de quitter cette demeure et ceux qui l'habitent ? » Sentiment bien triste lorsqu'il a pour objet des personnes qu'on voudrait chérir et qui pourraient suffire à notre bonheur. Mais quels furent son étonnement et sa joie lorsque, pour la première fois de sa vie, elle fut reçue avec une cordialité qui la toucha d'autant plus qu'elle n'y était pas accoutumée ! Son père et sa sœur parurent charmés de la voir, et se hâtèrent de lui faire admirer leur bel établissement, et le luxe de leur maison, qui l'affligea. Alice pensa que le grand sacrifice de son cher

Kellinch-Hall ne servirait pas à grand'chose pour les créanciers. On servit un excellent dîner. Sir Walter fit observer qu'on faisait meilleure chère à Bath que partout ailleurs, et se félicita de ce qu'Alice pouvait en juger.

Madame Clay était très-animée, très-gracieuse, et cachait avec tout l'artifice qu'elle possédait l'humeur et le dépit que lui donnait l'arrivée d'Alice. Celle-ci s'était attendue à cette réception, et l'appréciait à sa juste valeur; mais elle ne pouvait comprendre le motif de la bienveillance inattendue de son père et de sa sœur. Ils étaient évidemment bien disposés et contens de causer avec Alice, c'est-à-dire de lui parler; car ils ne l'écoutaient pas, et ne lui firent nulle question. Fort heureusement ils ne s'informèrent point de leur ancien voisinage et ne demandèrent pas s'ils y étaient regrettés; elle n'aurait su que répondre. Ils ne furent pas plus curieux sur Upercross : à peine demandèrent-ils des nouvelles de Maria et de ses enfans : Upercross et Kellinch n'excitaient que peu d'intérêt; Lyme, pas le moindre; Bath était l'univers pour eux. Ils eurent le plaisir d'assurer Alice que Bath avait surpassé leur attente; que c'était un séjour charmant, où des connaissances nouvelles se succédaient chaque jour : leur maison était, sans aucune exception, la meilleure de la ville ; leur salon avait des avantages décidés sur tous ceux qu'Elisabeth eût jamais vus ; sa supériorité était non-seulement dans la grandeur et la forme, mais aussi dans l'élégance des meubles : tous ceux qui le voyaient étaient dans le ravissement ; chacun à Bath sollicitait d'y être admis, et il y avait foule. Ils recevaient continuellement des cartes de visites et d'invitations de gens qu'ils connaissaient à peine, etc., etc. Elisabeth était, comme on le voit, en pleine jouissance, et sir Walter gonflé d'orgueil. Alice ne s'étonna plus de leur air de bonheur, et de la joie qu'ils trouvaient à lui raconter leurs succès et leurs plaisirs ; mais elle soupirait en pensant qu'il faudrait les partager, et ne comprenait point que son père ne sentît pas davantage le changement de sa situation, et ne regrettât ni les droits ni la dignité de possesseur d'un ancien château dont il faisait les honneurs avec cette noble hospitalité qui distingue les seigneurs anglais. Comment pouvait-il être vain au point de rassembler dans une maison de louage les habitans d'une petite ville ? Alice ne pouvait s'empêcher de sourire de l'air d'orgueil et de majesté avec lequel Elisabeth ouvrait les deux battans de son bel appartement, et se promenait en se pavanant d'un salon à l'autre. « Grand dieu ! disait-elle en elle-même, est-ce la maîtresse de Kellinch-Hall qui est si fière de se promener entre deux murs éloignés l'un de l'autre de trente pieds au plus, et qui ne lui appartiennent pas ? »

Mais elle apprit bientôt que ce n'était pas seulement ce qui rendait Elisabeth heureuse : elle avait souvent entre ces murs et sur ces beaux sophas son cousin Elliot. Alice eut beaucoup de choses à entendre sur le compte de ce parent : on ne pouvait assez répéter combien il était beau, élégant ; ses habits, ses chevaux, sa tenue, répondaient parfaitement au nom qu'il portait : il était non-seulement *pardonné*, mais dans la plus haute faveur. Il avait passé à Bath à la fin de novembre, en revenant d'une course, et comptait passer son hiver à Londres ; mais apprenant que sir Walter était établi à Bath, il s'était décidé à y revenir et à y rester quelque temps : il y était depuis quinze jours. Son premier soin avait été d'envoyer sa carte à Camben-Place, de la suivre bientôt lui-même, de chercher avec assiduité toutes les occasions de rencontrer ses parens, et de s'excuser avec la plus noble franchise de sa conduite passée, en montrant le plus grand désir d'être reçu comme un parent et un ami, ce qu'on n'avait pu lui refuser. Elisabeth ne tarissait pas en éloges ; il n'avait aucun défaut, aucun tort ; sa négligence apparente avait été causée par trop de modestie, trop de délicatesse ; il n'avait pu croire que la société d'un jeune légiste pût être agréable à des parens accoutumés à la société la plus brillante ; jamais il n'avait eu l'idée de la rejeter, mais il avait redouté d'être rejeté lui-même. Sir Walter lui imposait, et depuis son mariage, sentant qu'il avait dû lui déplaire, sa délicatesse l'avait empêché de se présenter chez lui. Sur le reproche d'avoir parlé avec irrévérence des Elliot et de leur noblesse, il avait paru indigné, lui qui s'était toujours vanté d'être de cette famille ; lui, dont les opinions, contraires à celles du siècle et à la démocratie, étaient si prononcées ! Il devait, certes, se croire à l'abri d'une telle imputation : mais son caractère et sa conduite ont démenti cette fausseté. Pourrait-on le blâmer encore, d'après le vif empressement qu'il a mis à saisir la première occasion de se réconcilier avec le noble chef de sa famille ?

Les circonstances de son mariage étaient aussi très-atténuées : c'était un point sur lequel on n'avait pu lui parler à lui-même; mais un colonel Wallis, son intime ami, résidant à Bath, un homme respectable, bon gentilhomme, vivant très-honorablement dans le quartier de Marlborough, avait demandé à M. Elliot d'être présenté à sir Walter et à sa fille, et l'on avait su par lui plusieurs choses relatives à ce mariage, inégal pour la naissance, qui excusaient en grande partie M. Elliot de l'avoir contracté. Le colonel Wallis, lié depuis long-temps avec lui, avait aussi connu sa femme; elle n'était pas, il est vrai, d'une famille distinguée, mais très-belle, très-bien élevée, très-riche, et aimant passionnément son ami; elle l'avait recherché, et il n'avait pu résister à ses charmes : l'argent seul n'aurait eu aucun attrait pour lui s'il n'eût été amoureux. Sir Walter faisait trop de cas du cousin Elliot pour n'être pas indulgent : une femme belle, riche, qui aimait passionnément son parent ! cela le justifiait tout-à-fait à ses yeux.

Elisabeth disait, en baissant les yeux d'un air qu'elle croyait modeste, qu'en effet la beauté avait un attrait irrésistible, et qu'il fallait que madame Elliot fût prodigieusement belle pour l'avoir emporté sur..... sur d'autres..... dans le cœur de son cousin Elliot : « Vous pourrez bientôt, dit-elle à sa sœur, juger vous-même de ses mérites ; il vient ici à peu près tous les jours ; il a même dîné deux fois avec nous en famille, sir Walter ne donnant plus de repas d'apparat ; ce qui est vraiment un grand sacrifice ! Mais M. Elliot a paru enchanté d'être traité comme un ami et un parent ; il met son bonheur à être reçu dans notre maison. »

Alice écoutait et réfléchissait ; la figure et les manières de M. Elliot lui avaient plu ; mais elle ne pouvait régler son opinion sur lui, ni d'après leur rencontre à Lyme, ni sur ce que disaient sir Walter et Elisabeth ; elle savait trop bien qu'il suffisait de flatter leur vanité pour être parfait à leurs yeux : mais cette prompte réconciliation avec un homme contre lequel ils étaient si irrités lui paraissait au moins fort extraordinaire. Quel pouvait être le motif de ce parent éloigné, pour témoigner, après tant d'années de négligence et de froideur, un si vif désir de rapprochement ? Du côté de l'intérêt pécuniaire, il n'avait rien à gagner d'être bien avec sir Walter, et rien à

risquer en restant comme ils étaient. Suivant
les apparences, M. Elliot était le plus riche
des deux, et la terre de Kellinch, ainsi que
le titre qui y était attaché, ne pouvait lui
échapper. Du côté de l'agrément, hélas! Alice
savait trop combien il y en avait peu dans la
société de son père et de sa sœur, pour qu'un
homme spirituel et aimable, comme l'annonçait la physionomie de M. Elliot, pût se plaire
chez eux. Une seule solution se présentait à
son esprit, et pouvait expliquer sa conduite :
sans doute il avait été frappé de la beauté d'E-
lisabeth lorsqu'il l'avait vue à Londres dans
tout l'éclat de sa jeunesse, et il avait pris de
l'amour pour elle; mais, trop jeune et trop timide pour se déclarer d'abord, il l'avait laissée repartir; et, comme il arrive souvent à
cet âge d'autres circonstances, d'autres liai-
sons, une femme aussi belle que sa cousine,
plus riche, plus aimable peut-être (ce qui
n'était pas difficile), l'avait entraîné; il s'était
marié, et n'avait plus cherché à la revoir :
mais étant redevenu libre de lui offrir ses hommages, ses anciens sentimens s'étaient réveil-
lés; il était revenu à Bath; et, la retrouvant
presque aussi bien qu'il l'avait laissée, il s'y

était attaché de nouveau. Elisabeth était très-belle encore ; elle avait peu d'esprit, mais s'énonçait avec facilité, parlait bien, et ne disait jamais que ce qu'il fallait dire. Cependant il était à craindre que M. Elliot, ayant acquis de la pénétration et l'usage du monde, ne démêlât bientôt le peu de fond de cette belle surface, le manque total d'idées, et le caractère égoïste et glacé de sa cousine. Alice désira qu'il fût assez amoureux pour n'être pas si clairvoyant : sa sœur paraissait très-disposée à le croire, et madame Clay fortifiait cette idée. Alice en jugea par quelques regards qu'elles se lancèrent quand il fut question de lui, et par l'affectation de madame Clay à répéter que M. Elliot n'était heureux qu'à Camben-Place. Alice dit qu'elle croyait l'avoir rencontré à Lyme ; on n'y fit pas grande attention : Oui, peut-être était-ce lui ; on n'écouta pas le portrait qu'Alice fit de ce cousin. Sir Walter, qui s'y connaissait, le fit à son tour, et il lui rendit justice, en disant qu'il avait tout l'air d'un gentilhomme, qu'il était mis avec élégance et suivant la mode, que sa figure était agréable, ses yeux expressifs, son sourire fin : « C'est grand dommage, ajouta-t-il, qu'il ne se tienne pas assez droit ; c'est un défaut qui s'accroît avec les années, et nous donne un air plus âgé : bref, il avait un peu vieilli depuis dix ans.—Quand il m'a dit, continua M. Elliot, que j'étais absolument le même, j'étais embarrassé de ne pouvoir en conscience lui faire un semblable compliment. Cependant Elliot est mieux que beaucoup d'autres, et je ne craindrais point de me montrer à côté de lui en quelque endroit que ce fût. »

De M. Elliot on passa à ses amis Wallis; le colonel n'avait eu ni trève ni repos qu'il n'eût été présenté à sir Walter : il était marié, et madame Wallis était aussi à Bath; elle passait pour l'une des plus jolies femmes de Londres. On ne l'avait point vue encore; étant près d'accoucher, elle n'était pas sortie; mais dès qu'elle serait relevée, on ferait connaissance avec elle, et l'on en était très-impatient, du moins sir Walter. Elisabeth souriait de pitié quand son père parlait de la charmante madame Wallis, et lançait un coup-d'œil sur la glace, ce qui voulait dire : « Elle ne peut être plus belle que moi. » Sir Walter en était très-occupé; une des plus belles personnes de l'Angleterre ! N'est-ce pas étonnant que le hasard rassemble à Bath des figures aussi remarquables que celle de madame Wallis, et, et......, il n'eut pas la fatuité de dire sir Walter Elliot ; mais madame Clay ajouta : Et sir et les miss Elliot, dit-elle ; la beauté semble attachée à ce nom.

« Vous badinez, madame Clay, dit sir Walter en jetant à son tour un coup-d'œil sur la glace : naguère peut-être.... ; mais mon temps doit être passé ; je voulais parler du colonel Wallis, qui serait un très-beau militaire s'il n'avait pas les cheveux d'un blond trop ardent. — Je ne me suis jamais promené avec lui sans remarquer que les yeux de toutes les femmes se tournaient de notre côté, et ce ne pouvait être que pour lui, ajouta le modeste sir Walter. — Ou pour celui dont les beaux cheveux ne sont pas de cette couleur, dit madame Clay ; je ne comprends pas qu'un homme puisse plaire avec des cheveux roux. »

Sir Walter s'inclina ; puis, dans son accès de bonne humeur, il demanda à Alice si Maria était bien. « J'espère qu'elle n'engraisse plus ; l'embonpoint sied assez bien quand il n'est pas excessif ; il prévient les rides ; mais quand on en a trop, il donne l'air commun. La dernière fois que je la vis, elle avait le nez rouge, ce qui me fit beaucoup de peine ; j'espère que ce n'est pas ainsi tous les jours.

—Non, mon père, c'était accidentel ; elle est en très-bonne santé, et elle a très-bon visage.

—Il faut que l'air d'Upercross soit salutaire, car vous êtes aussi très-bien. J'irai peut-être faire une visite à Maria. »

Alice allait répondre, quand le marteau de la porte se fit entendre.

« Qui donc est là, s'écria sir Walter, et si tard ? Il est passé dix heures !

—C'est peut-être mon cousin Elliot, dit Elisabeth ; il dînait en ville, c'est ce qui l'a empêché de venir plus tôt ; il aura voulu, en passant, s'informer de l'état de notre santé ; n'est-ce pas une attention charmante ?

— C'est lui, dit madame Clay ; je connais très-bien sa manière de frapper. » Madame Clay avait raison ; on annonça M. Elliot, et il entra.

Oui, c'était le même qu'Alice avait rencontré à Lyme ; la seule différence était une toilette plus soignée qu'en voyage : elle le reconnut à l'instant, et se retira un peu en arrière pendant les premiers complimens. Il fit avec grâce ses excuses de venir aussi tard ; mais il n'avait pu passer aussi près de la maison sans s'informer si miss Elliot et son amie n'avaient pas souffert du froid dans leur promenade du matin.

Quand on eut répondu poliment, le tour d'Alice arriva; sir Walter la fit avancer. « Il faut, mon cher Elliot, dit-il, que je vous présente encore une cousine, ma seconde fille, miss Alice Elliot, arrivée aujourd'hui avec notre amie lady Russel. » Alice, en rougissant et souriant, le salua. M. Elliot reconnut la jolie figure qu'il était loin d'avoir oubliée; il parut éprouver une grande surprise et une joie plus grande encore : son regard s'anima; et lui rappelant leur rencontre d'une manière très-aimable : « J'aurais dû deviner notre relation, lui dit-il; il me semblait que vous n'étiez pas pour moi une étrangère. » Alice lui dit franchement qu'elle avait éprouvé à peu près la même chose, mais qu'elle apprit son nom d'abord après son départ. « Que n'ai-je su le vôtre! lui dit-il; j'aurais bien sûrement réclamé mes droits de parenté, et prolongé mon séjour à Lyme. »

Ils furent ainsi d'abord sur le pied d'ancienne connaissance; elle lui trouva, comme la première fois, un extérieur agréable; sa manière était si polie, si naturelle, si particulièrement aimable, qu'elle ne put s'empêcher de le comparer à Wentworth; ce n'était pas le même genre, mais ils étaient tous deux également bien.

La conversation s'anima, et il sut la rendre intéressante; son ton, ses expressions, le choix des sujets d'entretien, ses opinions, tout annonçait un esprit pénétrant et sensible. Il parla de Lyme et de sa situation pittoresque, en observateur des beautés de la nature; il fit la description des sites qu'il avait remarqués; il interrogeait Alice, et s'informait avec intérêt du but de sa course, de celui des personnes avec qui elle avait fait cette partie; il témoigna vivement encore ses regrets d'avoir ignoré le nom de ses voisins. Il avait passé la soirée seul dans la chambre voisine de celle où ils étaient rassemblés, et d'où il entendit leurs voix, leurs joyeux éclats de rire; il envia leur bonheur; il eût voulu oser les joindre; mais il était loin de se douter qu'il eût le droit de se présenter à eux. « Cela me corrigera, dit-il, d'un absurde système, suite d'une extrême timidité que j'avais dans ma jeunesse, et qui m'a déjà joué de bien mauvais tours; j'ai toujours été retenu par la crainte d'être indiscret ou importun. Les idées d'un jeune homme de vingt ans sont quelquefois bien ridicules, et peuvent lui coûter le bonheur de sa vie. »

Cette réflexion confirma Alice dans l'idée qu'elle s'était faite des motifs de sa conduite avec sa famille; il faisait sans doute allusion à l'amour qu'Élisabeth lui avait inspiré, et qu'il n'osa lui déclarer.

« Vous ne devez pas regretter, lui dit-elle, de ne vous être pas joint à notre partie; cette joie, cette gaîté, qui vous avaient fait envie, se changèrent bientôt en désespoir. » Elle raconta alors brièvement l'affreux accident de Louisa Musgrove, dont M. Elliot parut très-touché. Sir Walter et Élisabeth, qui l'avaient oublié, lui firent aussi des questions; mais quelle différence d'y prendre part! C'était chez eux la simple curiosité de connaître un événement malheureux; chez lui, c'était un tendre et vif intérêt sur ce qu'ils avaient tous souffert : elle le comparait à lady Russel, dans le désir obligeant de savoir tous les détails de la chute et de la guérison de Louisa.

Il resta plus d'une heure; l'élégante pendule d'albâtre de sir Walter avait frappé onze heures, avant qu'aucun des Elliot eût l'air de s'en douter. Depuis long-temps Alice n'avait trouvé une heure aussi courte. Il fallut se séparer : Elisabeth eut la condescendance de conduire elle-même sa sœur dans une jolie chambre qu'on lui avait préparée, et ne la quitta pas sans lui avoir dit encore combien leur cousin était aimable; Alice fut entièrement de son avis, et s'endormit fort contente de sa journée, qu'elle n'avait pas cru passer aussi agréablement.

CHAPITRE IV.

Il y avait un point sur lequel Alice, en revenant dans sa famille, désirait d'être instruite; elle se croyait sûre à présent de l'amour de M. Elliot pour sa sœur Elisabeth, mais elle aurait voulu être persuadée que sir Walter n'en eût point pour madame Pénélope Clay : la prolongation de son séjour, ayant laissé ses deux enfans aux soins de son père, donnait de violens soupçons sur ses motifs, que plusieurs remarques avaient confirmés : Alice était donc loin d'être tranquille sur cet objet.

En descendant pour déjeûner, le lendemain, elle entendit parler vivement dans la salle à manger. Madame Clay avait sans doute dit qu'elle voulait céder sa place à Alice, Elisabeth lui répondait avec un ton décidé : « Non certainement, chère amie, il n'y a aucune raison pour cela; elle n'est rien pour moi comparablement à vous, et je vous prie de rester. » sir Walter ajouta : « Oui, ma chère madame Clay, ma fille a raison; ne songez pas à nous quitter : vous n'avez point encore joui des plaisirs de Bath ; jusqu'à ce jour, vous nous avez été utile, à présent il faut vous amuser ; vous resterez pour faire connaissance avec madame Wallis, la belle madame Wallis. Votre esprit est trop fin, trop supérieur pour s'occuper des petites rivalités de femme; vous avez des moyens plus sûrs de plaire, et je sais que la vue d'un bel objet vous fera le même plaisir qu'à moi, qui suis impatient de l'admirer, sans autre motif qu'une simple curiosité, je vous l'assure. »

Alice entra ; les deux amies se jetèrent un regard significatif, comme pour se demander : N'a-t-elle rien entendu? Elisabeth fit un mouvement d'épaule qui voulait dire : Cela m'est égal. Madame Clay voulut, à tout hasard, avoir l'air de continuer l'entretien.

« Vous savez, sir Walter, dit-elle en serrant contre son cœur la main d'Elisabeth, que je puis chérir la beauté ; je resterai donc, puisque vous le voulez, plus pour vous que pour madame Wallis. » Sir Walter voulut lui baiser la main qui était de son côté, mais elle la retira prudemment.

Toutes les attentions d'Elisabeth étaient pour elle, Alice n'y avait plus aucune part ; elle avait repris son froid dédain; sir Walter, au contraire, était encore plus amical, et la regardait souvent d'un air de satisfaction. Quand on eut achevé de déjeûner, les deux intimes se retirèrent; Alice resta seule avec son père. Il commença à la complimenter sur sa bonne mine. « Vous n'êtes plus la même, Alice, et je ne vous ai jamais vue aussi bien; vous avez de l'embonpoint, de la fraîcheur, le teint clair, uni; vous êtes, en vérité, très-présentable, et j'en suis charmé, je vous assure. Avez-vous fait usage de quelque cosmétique?—Non, mon père.—Impossible! vous m'obligerez d'en convenir. De l'eau de Ninon, peut-être? on la dit merveilleuse. — Non, mon père, je ne m'en sers jamais ; je préfère l'eau fraîche et naturelle. »

Il parut surpris. « C'est très-singulier, de l'eau fraîche! Peut-être est-ce bon dans la jeunesse, elle anime le teint; mais, croyez-moi, il faut, plus tard, quelque chose de plus onctueux : la crême de rose de Paris est ce qu'il y a de mieux. Voyez madame Clay, elle en a fait usage sur ma recommandation, et ses rousseurs sont entièrement passées ; c'est absolument une autre femme. »

Si Elisabeth eût entendu cela, elle en aurait été effrayée, d'autant plus qu'il était vrai que la jeune veuve était aussi fort embellie. Alice trembla pour son père : au reste, le mal serait bien diminué si Elisabeth se mariait aussi, et quant à elle, elle aurait toujours un asile chez lady Russel, qui ne demandait pas mieux que de la garder près d'elle.

La politesse de cette dame et son calme accoutumé étaient mis à de fortes épreuves quand elle venait faire des visites à Camben-Place, qu'elle était témoin de la faveur de madame Clay, et du peu d'attention qu'on avait pour sa chère Alice. Elle en fut d'abord très-vexée ; mais à Bath, son temps était trop bien rempli pour avoir le loisir de s'en occuper exclusivement : le matin, les eaux, la promenade, les visites, la lecture des papiers-nouvelles ; le soir, les assemblées, la conversation, le jeu, etc., etc., remplissaient sa vie, et même chez sir Walter elle trouvait un nouvel objet de vif intérêt, qui la rendait ou plus indulgente ou plus indifférente pour tous les autres, c'était M. Elliot. Il fit entièrement sa conquête ; sa figure, sa politesse, son usage du monde, lui plurent au premier moment ; et quand elle eut causé avec lui, elle le trouva tout-à-la-fois si instruit, si aimable, qu'elle eu fut enchantée, et qu'il s'en fallut peu qu'elle ne s'écriât : Est-il possible que ce soit là cet Elliot que je n'avais nulle envie de connaître ! Elle lui faisait une ample réparation, et déclarait qu'elle n'avait jamais rencontré un homme plus agréable et plus estimable, et que si elle était encore dans l'âge d'aimer, son cœur serait en grand danger. Il réunissait tout, un esprit éclairé, des opinions solides, connaissance du monde, politesse parfaite, et un cœur brûlant et sensible. Il avait un sentiment très-vif sur l'honneur de sa famille, sans orgueil ni préjugé. Il vivait d'une manière digne d'un homme riche sans cependant déployer trop de luxe, sans avoir aucun des goûts ruineux qui détruisent les plus belles fortunes. Il jugeait par lui-même des choses essentielles sans se laisser entraîner par l'opinion des autres, à laquelle il cédait cependant pour tout ce qui regardait le decorum et les usages reçus. Il était ferme sans opiniâtreté, réfléchi sans pédanterie, modeste et candide sans faiblesse et sans imprudence ; n'étant ni intéressé ni égoïste ; sentant le prix de ce qui était aimable, et, par-dessus tout, du bonheur domestique ; vif et animé sans ce faux enthousiasme, cette violente agitation, incompatibles

avec une vie douce et tranquille. Elle était
sûre qu'il n'avait pas été heureux dans son
mariage. Le colonel Wallis le faisait pressen-
tir, et lady Russel l'avait deviné; mais il n'a-
vait pas été assez malheureux pour l'aigrir
contre l'hymen, et l'empêcher de former un
second choix, en étudiant mieux le caractère
de sa future compagne. Enfin, lady Russel
était entièrement sous le charme, et se faisait
de M. Elliot l'idéal d'un être parfait, que,
dans le fond de son cœur, elle unissait à sa
chère Alice, comme à la seule femme qui pût
mériter ce bonheur. Le plaisir de rencontrer
M. Elliot chez sir Walter la dédommageait du
chagrin d'y trouver madame Clay.

Alice avait appris, depuis quelques années,
qu'elle et son excellente amie pouvaient penser et voir différemment; elle ne fut donc pas
surprise que lady Russel ne vît rien que de
très-naturel dans la réconciliation des deux
cousins, recherchée si vivement par M. Elliot,
qui paraissait l'avoir dédaignée pendant plusieurs années; elle trouvait tout simple que,
dans l'âge mûr, M. Elliot eût envisagé les
choses sous un autre point de vue, et senti
quel honneur il se ferait dans le monde en
étant bien avec le chef de sa famille. Alice

sourit, et dit un mot du penchant qu'elle lui supposait pour Elisabeth. Lady Russel écouta, réfléchit, et répondit seulement : « La belle Elisabeth?.... Oui, peut-être ; le temps nous l'apprendra ; mais j'ai la plus haute opinion de son jugement. »

Alice aussi s'en référa à l'avenir. Dans le fait, on ne pouvait rien décider encore ; Elisabeth avait une telle importance dans la maison de son père, que toutes les attentions, tous les hommages étaient pour *miss Elliot* ; leur parent s'était aussi soumis à cette règle, et l'on ne pouvait rien conclure de bien positif : il n'y avait d'ailleurs que sept mois qu'il était veuf, et ce délai à se prononcer était naturel. Alice ne voyait pas le crêpe à son chapeau sans se blâmer elle-même de le croire occupé d'un nouveau lien. En supposant même que son mariage ne l'eût pas rendu très-heureux, il avait duré plusieurs années ; elle ne pouvait comprendre que la mort prématurée d'une femme jeune et belle encore, dont il avait été passionnément aimé, n'eût pas fait une impression plus durable. Cependant il n'était pas douteux qu'il se consolerait ; elle fut donc là-dessus d'accord avec son amie, ainsi que sur l'amabilité de son héros, sans le voir aussi parfait ; elle convint de bonne foi que c'était la personne qui lui plaisait le plus à Bath ; elle aimait à causer avec lui, et surtout de Lyme, dont la situation lui plaisait autant qu'à elle, et qu'ils auraient voulu revoir tous les deux. Il revenait souvent sur ce qu'il avait éprouvé à leur première rencontre. « Sans pouvoir m'en rendre raison, lui dit-il, je me sentis le désir de vous revoir encore, et vous dûtes voir dans mon regard quelque chose de particulier. » Elle s'en souvenait très-bien, et se rappelait mieux encore un autre regard lancé au même moment. Ils ne pensaient pas toujours de même sur différens points : il attachait beaucoup plus de prix qu'elle au rang et à la naissance ; il avait, plus qu'elle ne pensait, de *l'orgueil Elliot* ; ce ne fut pas seulement par complaisance qu'il partagea les sollicitudes de sir Walter et d'Elisabeth sur un sujet qu'Alice jugeait indigne de l'occuper.

Les papiers du matin annoncèrent l'arrivée à Bath de la vicomtesse douairière Dalrymple, et de sa fille l'honorable miss Carteret ; cette nouvelle agita pendant plusieurs jours les habitans de Camben-Place, Alice exceptée, qui ne trouva pas que cela en valût la peine. Le sujet de cette agitation venait de ce que les

Dalrymple étaient cousins des Elliot, qu'il y avait entre eux un refroidissement total, et qu'ils étaient en grande perplexité de savoir comment se rapprocher, ce dont sir Walter et sa fille aînée avaient grande envie.

Alice n'avait jamais vu son père et sa sœur en contact avec la haute noblesse, et se trouva tout-à-fait *désappointée*; d'après leur genre de vie ordinaire, elle attendait d'eux plus de dignité; elle fut réduite à désirer (ce qu'elle n'eût jamais prévu) qu'ils eussent un peu plus d'orgueil personnel, et n'en missent pas tant dans cette alliance. Elle n'entendit plus autre chose que cette phrase : *Notre cousine lady Dalrymple, notre jeune cousine miss Carteret*, etc.

Sir Walter s'était rencontré jadis avec feu le vicomte, mais n'avait jamais vu personne de sa famille : on s'écrivait cependant dans les grandes occasions, on se communiquait les morts et les mariages; mais le malheur voulut que, lorsque le vicomte mourut, sir Walter fût atteint d'une grande maladie; aucune lettre de condoléance n'arriva en Irlande. Cette négligence reçut sa punition, et quand lady Elliot mourut à son tour, aucune lettre de condoléance n'arriva non plus à Kellinch. Depuis ce moment, il n'existait pas de liaison entre eux, et

l'on avait quelque raison d'appréhender que les Dalrymple ne se refusassent à entamer une nouvelle relation avec la famille Elliot. Comment s'y prendre pour les engager à les considérer encore comme des cousins ? était la question qui les occupait du matin au soir, comme si c'eût été la chose la plus importante pour leur félicité. « Les relations des familles nobles doivent toujours exister, » disait sir Walter. « Et la bonne compagnie doit toujours être recherchée, ajoutait lady Russel. Lady Dalrymple a déjà été à Bath l'année précédente ; on m'en a parlé comme d'une femme charmante et du meilleur ton.
— Elle a pris une maison pour trois mois à Laura-Place, disait Élisabeth ; elle vivra dans le plus grand ton : je doute cependant que son salon soit plus élégant que le nôtre ; je voudrais pouvoir les comparer...

— On est toujours flatté, disait M. Elliot, d'être allié à une personne aussi distinguée ; il faut absolument chercher les moyens de renouveler cette relation sans trop compromettre les Elliot. » Alice gardait le silence, et trouvait qu'on pouvait tout aussi bien attendre les avances de lady Dalrymple, que de lui en faire ; mais on ne la consultait pas.

Sir Walter coupa le nœud gordien ; il passa

dans son cabinet, et revint une belle épître à la main pour sa noble cousine. Elle était remplie d'explications, de supplications, de regrets, d'espoir, d'offres de services, etc., etc. Il la lut à haute voix; ni lady Russel ni Alice ne l'approuvèrent; mais elle partit, et lui valut une réponse de trois lignes bien griffonnées, qui le comblèrent de joie.

« La vicomtesse Dalrymple était très-honorée du souvenir de son parent sir Walter Elliot et de mesdames ses filles, et s'estimerait heureuse de faire leur connaissance. »

Les anxiétés finirent, et tout fut joie et plaisir à Camben-Place; il n'y fut plus question que de notre chère cousine lady Dalrymple et de sa fille miss Carteret.

Alice seule n'en parlait pas, mais elle consentit à leur faire une visite avec ses parens et lady Russel. Le lendemain, Élisabeth eut le plaisir de décorer sa cheminée de deux belles cartes à vignettes de la vicomtesse douairière Dalrymple et de son honorable fille, au bas desquelles elle aurait volontiers voulu ajouter, *cousine des Elliot.*

Alice en était honteuse; lors même que ses illustres parentes eussent été agréables, elle aurait encore blâmé l'agitation qu'elles causaient;

mais il n'y avait pas même cette excuse. Lady Russel, qui sauvait la dignité de son titre et de son caractère, en disant seulement qu'elle désirerait voir le plus tôt possible une *femme charmante*, avait été consternée de trouver une femme très-commune, très-peu agréable, sans aucune supériorité que celle de son rang : on la trouvait charmante à Bath, parce qu'elle y donnait des fêtes et qu'elle avait un sourire de commande pour tous ceux à qui elle parlait. Sa fille, miss Carteret, n'avait pas même ce sourire ; elle était laide, maussade ; ce qui n'aurait pas été toléré par sir Walter, sans sa naissance et son rang.

Alice eut à ce sujet quelques discussions avec son cousin Elliot ; il lui accordait qu'elles n'étaient rien par elles-mêmes, mais il lui soutenait qu'une *vicomtesse*, une *lady*, étaient toujours, par cela seulement, une *très-bonne compagnie*, avec qui il était fort agréable d'entretenir des relations. Alice sourit. « Mes idées sont différentes, M. Elliot, lui dit-elle, sur le mot de *bonne compagnie* : il signifie pour moi une réunion de personnes qui ont un jugement éclairé, assez d'esprit pour soutenir une conversation aimable, de la dignité sans orgueil et de l'affabilité sans bassesse.

— Vous êtes dans l'erreur, aimable cousine ; ce n'est pas la *bonne compagnie*, c'est la meilleure : ce qu'on entend par *bonne compagnie*, ce sont les gens qui ont de la naissance, une certaine éducation, un bon ton et une bonne maison ; une éducation soignée n'est pas même nécessaire ; il suffit d'avoir le sens commun, et l'on se tire d'affaire en société ; mais le rang et les bonnes manières sont la chose essentielle : tant mieux si l'on y joint les qualités dont vous venez de parler ; mais si elles étaient de rigueur pour la bonne compagnie, convenez qu'elle serait aussi trop rare. »

Alice sourit encore à demi, avec une nuance de dédain.

« Ma cousine Alice n'est pas satisfaite, dit-il en se rapprochant, elle secoue sa jolie tête ; sans doute elle a le droit d'être plus difficile qu'aucune autre femme, mais à quoi cela sert-il ? A périr d'ennui dans la solitude, si vous ne voulez voir que des gens qui vous ressemblent. N'est-il pas plus sage d'accepter la société et la nullité d'une lady Dalrymple et de sa fille, et de jouir de tous les avantages d'une telle relation ? Vous pouvez être sûre qu'elles tiendront la première place à Bath cet hiver ; et comme le rang est toujours le rang, dès que votre famille (laissez-moi dire notre famille) sera connue pour leur être alliée, elle aura le degré de considération que nous pouvons désirer.

— Soyez assuré, dit Alice avec un rire sardonique, que l'on saura bientôt dans toute la ville que nous sommes les chères cousines de la très-noble lady Dalrymple. » La malice lui était si peu naturelle, qu'elle rougit de celle qui venait de lui échapper contre son père et sa sœur; et ne voulant pas y donner suite, elle se hâta d'ajouter : « Il est possible que j'aie tort; il est toujours bien d'être poli avec tout le monde, et prévenant pour ses parens; j'ai trouvé seulement qu'on se donnait trop de peine et de souci pour une nouvelle connaissance. Peut-être ai-je plus d'orgueil que vous tous, dit-elle en souriant : j'ai été contrariée, je l'avoue, de voir sir Walter Elliot solliciter pour lui et ses filles une liaison avec des parentes éloignées à qui nous sommes très-indifférens.

— Pardonnez, chère cousine, dit M. Elliot, si je vous contredis encore : à Londres, peut-être auriez-vous raison de ne pas rechercher une parente vivant par goût et par habitude dans le grand monde, tandis que vous aimez une vie tranquille; mais à Bath, où l'on ne peut vivre ignoré, sir Walter et sa famille doivent être liés avec ce qu'il y a de plus distingué, et l'on doit être flatté d'être recherché par eux.

— Pour moi, dit Alice, je suis trop fière pour être flattée d'une relation motivée seulement sur les lieux qu'on habite.

— J'aime votre noble fierté, ma cousine, dit M. Elliot ; mais enfin vous êtes à Bath, la vicomtesse Dalrymple y est aussi, et vous ne pouviez rester étrangers les uns aux autres. Moi aussi je suis fier de mon nom, de ma famille, du peu de mérite que je m'efforce d'avoir ; notre orgueil, j'en suis sûr, a le même objet, quoique dans quelque point nous différions d'opinion. Il y en a un, par exemple, dit-il en parlant plus bas, quoiqu'ils fussent seuls dans la chambre, sur lequel j'ose être sûr que nous serons d'accord, c'est que chaque addition à la société de votre père, parmi ses égaux ou ses supérieurs, peut être fort utile, si elle éloigne ses pensées de ce qui est au-dessous de lui ; vous devez m'entendre. » Et il regarda la place que madame Clay occupait ordinairement.

Alice comprit très-bien ce qu'il voulait dire : quoiqu'elle ne crût pas avoir la même espèce d'orgueil que lui, elle lui sut gré de ne pas aimer madame Clay ; et sans lui répondre, elle admit intérieurement son idée, de réveiller chez sir Walter l'orgueil de la famille et des relations distinguées, comme le moyen de le garantir de celle qui ne lui convenait sous aucun rapport.

CHAPITRE V.

Tandis que sir Walter et la belle Élisabeth faisaient une cour assidue à leurs illustres cousines de Laura-Place, Alice renouvelait une connaissance d'un autre genre.

On se rappelle qu'à la mort de sa mère on la mit en pension à Bath pour achever son éducation ; quoiqu'elle n'eût pas conservé un souvenir bien doux de ce temps-là, elle pensait souvent avec tendresse et reconnaissance à l'une de ses compagnes, qui se nommait alors miss Hamilton, et qui avait eu pour elle des bontés à cette triste époque de sa vie que le bon cœur d'Alice ne pouvait oublier. Quand elle vint dans ce pensionnat, elle avait quatorze ans ; une sensibilité active et très-développée par son excellente mère, qui l'aimait avec prédilection, lui fit sentir doublement le malheur de l'avoir perdue, et de se trouver au milieu d'étrangers avec une foule de jeunes filles heureuses et gaies, que sa tristesse fatiguait. Miss Hamilton, plus âgée qu'Alice de trois ans, prit à cette jeune affligée le plus tendre intérêt, la soutint, la consola. Ayant perdu aussi ses parens dans sa grande jeunesse, elle obtint de ses tuteurs, qui voulaient la retirer de la pension, de l'y laisser encore une année, qu'elle consacra en partie à adoucir les douleurs de sa jeune amie, à qui elle fut utile de plus d'une manière.

Cette année expirée, miss Hamilton partit, et bientôt après se maria avec un homme très-riche, à ce qu'on disait, nommé Smith : de ce moment leur correspondance avait cessé ; Alice ne savait plus ce qu'elle était devenue, mais ne l'avait pas oubliée. Le désir d'en apprendre des nouvelles la conduisit chez leur ancienne maîtresse, à qui d'ailleurs elle voulait faire une visite. Ce qu'elle apprit d'elle réveilla toute son amitié. Madame Smith était veuve, était pauvre, et, de plus, affligée d'une douleur rhumatismale qui s'était jetée sur les jambes et la rendait complétement impotente. Elle était venue chercher du soulagement aux eaux de Bath, et demeurait près des bains chauds. Madame Smith vivait très-chétivement, et n'avait pas même le moyen de payer une domestique, que sa situation lui aurait rendue si nécessaire : elle était donc, tant par son état de gêne que par sa maladie, privée de toute société.

« Elle aura souvent la mienne, s'écria miss Elliot, si elle y attache encore quelque prix ! » Leur ancienne maîtresse l'assura que ce serait une grande satisfaction pour la pauvre invalide.

Alice ne renvoya sa visite qu'au lendemain; elle n'en parla point chez elle, où elle était bien sûre de n'exciter aucun intérêt, et se contenta de le dire à lady Russel, qui entra dans ses sentimens, l'approuva beaucoup, et la conduisit en voiture dans le quartier où logeait madame Smith : elle descendit au bout de la rue, préférant entrer chez son ancienne amie avec moins de fracas, pour ne pas lui faire faire une pénible comparaison. Cette entrevue fut touchante; leur amitié se renouvela, et l'intérêt qu'elles prirent l'une à l'autre devint aussi vif qu'autrefois, passé les dix premières minutes qui furent données à la surprise et à l'émotion. Douze années s'étaient écoulées depuis leur séparation, et sans doute elles ne se seraient pas reconnues si elles s'étaient rencontrées par hasard; chacune d'elles présentait une personne toute différente de ce que l'autre aurait imaginé. La triste et silencieuse petite Alice était devenue une femme élégante, gracieuse; n'ayant plus à vingt-sept ans la fraîcheur de seize, mais, en revanche, des grâces, de l'amabilité, de l'aisance, une figure régulière et pleine d'expression ; tandis que ces douze ans avaient transformé la charmante miss Hamilton, remarquable par sa belle taille, son agilité, son air de santé, en une pauvre veuve infirme, isolée, recevant comme une faveur la visite de son ancienne protégée. Mais tout ce qu'il y avait de pénible dans cette rencontre s'évanouit bientôt, et il ne resta que le charme du souvenir de leur liaison, de la reconnaissance de miss Elliot pour les bontés que miss Hamilton avait eues pour elle, et de celle de madame Smith pour la visite d'Alice. Celle-ci retrouva bientôt chez son ancienne amie tout ce qui l'avait attachée, du bon sens et de la raison sans pédanterie, cette grâce naturelle dans l'esprit et dans les manières, qui lui avait servi de modèle, et, de plus, une aimable gaîté, une sérénité à laquelle elle était loin de s'attendre. Ni la dissipation du grand monde, où elle avait vécu avec son mari, ni ses privations et sa retraite actuelles, ni la maladie, ni le chagrin, ne paraissaient avoir resserré son cœur ou abattu son esprit.

Dans une seconde visite, elle s'ouvrit davantage, et l'étonnement d'Alice augmenta ; elle pouvait à peine imaginer une situation plus déplorable que celle de madame Smith. Cette intéressante femme avait tendrement aimé son mari ; il était mort très-jeune encore. Elle avait été accoutumée au bien-être, au luxe même d'une grande fortune ; il lui restait à peine de quoi vivre. Elle n'avait point d'enfant, ce qui aurait pu l'attacher à la vie et lui rendre le bonheur. Cette veuve infortunée n'avait l'assistance d'aucun ami, et sa mauvaise santé l'empêchait de se procurer quelques distractions. Son chétif logement consistait dans une chambre donnant sur une rue extrêmement bruyante, et un cabinet obscur, dans lequel était son lit, dont elle ne pouvait sortir sans qu'on l'aidât, et elle n'avait d'autre servante que celle de son hôtesse, dont elle ne pouvait disposer que très-rarement ; aussi ne se levait-elle que pour être portée dans le bain par les gens destinés à cet office ; le reste du temps, elle restait absolument seule et dénuée de tout secours. Malgré cet état misérable, Alice eut la conviction que madame Smith n'avait que quelques momens de langueur et de tristesse, et des heures entières d'occupations et de jouissances. Comment cela pouvait-il être ? Elle observa, réfléchit, et finit par être assurée que ce n'étaient pas seulement résignation et courage. La soumission peut produire la patience, la force d'âme peut surmonter le mal; mais ici il y avait quelque chose de plus : la résignation ne lui coûtait aucun effort. Madame Smith avait cette élasticité dans l'esprit qui se prête à toutes les circonstances et sait en tirer parti; cette disposition à voir tout du bon côté; ce pouvoir de changer le mal en bien et de se créer des occupations qui lui faisaient oublier ses maux; cette gaîté naturelle qui tient au caractère et ne s'altère jamais complétement, et qui est un précieux don du Ciel. Alice vit son amie comme un des exemples de la miséricorde divine, contrebalançant ainsi les cruelles épreuves auxquelles elle était appelée.

« Je me trouve heureuse à présent, chère Alice, disait-elle, en comparaison de ce que j'ai éprouvé; il y a eu des momens où mon courage a été près de m'abandonner; à peine puis-je parler de mes maux, quand je pense à l'état où j'étais en arrivant à Bath. Je vous aurais vraiment fait pitié! Outre mon infirmité, j'avais pris froid en voyageant; une forte fièvre, accompagnée d'une toux continuelle, me confina dans mon lit dès que j'eus pris possession de mon logement. Je souffrais horriblement au milieu d'étrangers, sans aucun secours, et ne pouvant faire seule aucun mouvement; il devint absolument nécessaire d'avoir une garde-malade auprès de moi, et mes finances étaient réduites au point de ne pouvoir me permettre aucune dépense extraordinaire; mais Dieu n'est-il pas toujours l'ami du malheureux? Ne sait-il pas, quand il le veut, changer en bien ce que nous envisageons comme des maux? Par un effet de sa grâce, j'étais tombée en de bonnes mains. Ma maladie excita la compassion de mon hôtesse, qui, sans cette circonstance, n'eût peut-être pas fait plus d'attention à moi qu'à ses autres locataires; n'ayant pas le temps de me soigner elle-même, elle m'amena sa sœur, garde-malade de profession, toujours employée dans les meilleures maisons, et qui, par le plus heureux hasard, se trouva libre à ce moment. Non-seulement elle me soignait admirablement, mais elle devint pour moi une connaissance à-la-fois utile et agréable. Dès que je pus faire usage de mes mains, elle m'apprit à découper, ce qui fut pour moi une distraction, et me mit à même de faire ces pelotes, ces petits étuis pour les cartes, ces petits coffrets de toilette que vous voyez. Je suis devenue assez habile : cette occupation variée prévient l'ennui, me distrait de mes maux, et me donne les moyens de faire un peu de bien à une ou deux familles très-pauvres dans mon voisinage. Madame Rooke, ma bonne garde, a beaucoup de connaissances; dans les maisons où sa profession l'appelle, elle s'adresse à ceux qui peuvent acheter, pour leur offrir les produits de mon travail; elle a l'adresse de choisir le bon moment, et réussit presque toujours. Quand on vient de sortir de quelque maladie, de quelque danger, le cœur et la bourse s'ouvrent plus facilement, et la bonne Rooke n'est presque jamais refusée. Je ne puis assez vous dire combien cette femme est intelligente et sensible, avec quelle finesse d'observation elle pénètre dans le cœur humain; tout ce qu'elle dit est plein de bon sens et de vérité, et la rend supérieure à beaucoup de personnes qui ont reçu la meilleure éducation et ne voient rien de ce qui se passe. Appelez-la, si vous le voulez, *une commère*; mais il n'en est pas moins vrai que, lorsque ma bonne Rooke a une heure à me donner, je suis sûre d'apprendre quelque chose d'intéressant et de profitable, qui fait passer le temps plus agréablement. Quoique je n'aille plus dans le monde, j'aime à savoir ce qui s'y passe, à être au courant des anecdotes du jour, des nouvelles modes, de l'arrivée, du départ des baigneurs; ma bonne Rooke sait tout, me conte tout; pour moi, qui vis si retirée, sa conversation est un vrai plaisir. »

Alice, heureuse du bonheur que s'était créé son amie, ne la chicana pas, quoiqu'il ne fût pas dans son genre; d'ailleurs la situation de madame Smith excusait tout. « Je vous comprends très-bien, lui dit-elle; les femmes de cette classe ont plus d'occasions que d'autres de voir et de saisir le dessous des cartes; on n'a pas d'intérêt à se montrer avec elles autre que ce que l'on est; et combien de variété de caractères et d'habitudes ne doit-elle pas remarquer! Ce ne sont pas seulement les folies de l'espèce humaine qui se dévoilent à ses yeux : que de scènes intéressantes! que de choses se passent devant une garde-malade! que d'exemples de courage, de résignation, d'attachement ardent et désintéressé, d'abnégation de soi-même, de patience, d'héroïsme, de sacrifices, de profonde douleur ou de joie touchante s'offrent à ses regards! Une chambre de malade pourrait fournir des volumes.

— Oui, dit madame Smith, et c'est alors que j'aime à l'entendre; mais, hélas! le plus souvent ses récits peignent des sentimens contraires : ceux dont vous parlez sont malheureusement bien rares. L'espèce humaine peut, il est vrai, se montrer grande quand elle approche ou qu'elle prévoit le moment suprême ; mais, en général, c'est plus sa faiblesse que sa force que l'on trouve dans une chambre de malade ; l'égoïsme, l'impatience et le murmure s'y rencontrent plus souvent que la générosité et le courage : le désespoir, la joie, ne sont trop ordinairement que de l'indifférence ou de l'hypocrisie. Il y a si peu d'amitié réelle ici-bas, et tant de gens oublient de penser aux souffrances quand ils jouissent de la santé ; et ne se rappellent que trop tard qu'ils sont mortels ! »

Sa voix avait baissé et trahissait son émotion. Alice sentit douloureusement ce qui dictait ces tristes réflexions à sa pauvre amie ; son mari n'avait pas été pour elle ce qu'elle avait espéré ; et il était mort des suites de son inconduite, après avoir entraîné sa femme dans des sociétés frivoles et vicieuses, qui lui avaient donné cette mauvaise opinion du monde et des hommes. Mais elle se remit bientôt, et, bannissant ses tristes souvenirs, elle parla à miss Elliot avec plus de calme.

« Mon amie Rooke, dit-elle en souriant, n'a rien à présent de bien édifiant ni de bien intéressant à me conter ; elle n'a qu'une seule malade à soigner, une madame Wallis qui demeure à Marlborough-Street, et qui vient d'accoucher : c'est une jeune et jolie femme à la mode, très-étourdie, très-dépensière, et dont la vie se compose de plaisirs et de conquêtes. Je prétends cependant en faire mon profit ; elle a beaucoup d'argent à jeter par les fenêtres, et je compte qu'elle achetera bien cher tout ce que j'ai à vendre. »

Les deux amies se séparèrent avec l'espoir de se retrouver ; Alice y avait renouvelé bien des fois sa visite, avant que l'existence de madame Smith fût connue à Camben-Place ; enfin il devint nécessaire de parler d'elle. Sir Walter, Elisabeth et madame Clay revinrent un matin de Laura-Place avec une soudaine invitation de lady Dalrymple pour la soirée ; Alice y était désignée, mais elle venait de s'engager à passer cette même soirée à Westgate-Buildings, chez sa pauvre amie. Elle n'était pas fâchée d'avoir une excuse, elle était sûre que lady Dalrymple n'invitait ses parens Elliot, dont elle n'était pas aussi fière qu'ils l'étaient d'elle, que parce qu'elle était retenue chez elle par une légère incommodité, et préférait leur société à l'ennui d'être seule. Elle refusa donc très-positivement d'y aller, en disant qu'elle avait promis sa soirée à une ancienne amie de pension. Ses parens ne prenaient aucun intérêt à ce qui la regardait ni à ses relations ; mais cette fois un mouvement de curiosité engagea Elisabeth à faire quelques questions sur cette amie. Alice la nomma ; sa sœur fit un demi-sourire de dédain en haussant les épaules, et son père lui dit avec sévérité : « A Westgate-Buildings, le quartier du peuple ! Pourrais-je savoir comment miss Elliot se trouve en relation avec quelqu'un qui demeure là ? Cela me paraît fort étrange !

— Je viens de le dire à ma sœur ; c'est une ancienne amie de pension, miss Hamilton, actuellement madame Smith, veuve, et trop peu fortunée pour loger dans un autre quartier.

— Une mistriss Smith veuve ? Qui était son mari ? Elle avait sans doute fait une mésalliance, et c'était un des mille Smith qu'on rencontre partout, et dans toutes les classes ; et qu'est-ce qui vous attire chez elle ? Elle est pauvre et malade, dites-vous ? En vérité, miss Alice Elliot, vous avez des goûts bien extraordinaires ! Tout ce qui révolte les gens comme il faut, mauvais quartier, mauvaise maison, vulgaire compagnie, chambre meublée, le ciel sait comment et quel air on y respire ! voilà ce qui vous attire, ce que vous préférez à l'élégant salon de la vicomtesse Dalrymple ! Mais il me semble que votre vieille dame Smith peut bien attendre à demain ; elle n'est pas si près de sa fin qu'elle ne puisse espérer de vous voir un autre jour. Quel est son âge ? La cinquantaine, je suppose ?

—Non, mon père, répondit Alice ; elle n'a que trente et un ans. Si vous me le permettez, je tiendrai mon engagement : c'est la seule soirée que je puisse lui donner de quelque temps ; demain, elle commence les bains chauds, et vous savez que nous sommes engagés pour les autres jours de la semaine.

—Qu'est-ce que pense lady Russel de cette connaissance ? demanda Elisabeth.

— Elle n'y voit rien à blâmer, répliqua Alice, au contraire, elle l'approuve, et ordinairement c'est elle qui me conduit jusqu'à la porte de madame Smith.

— A Westgate on doit avoir été bien surpris d'entendre un carrosse sur le pavé ? observa sir Walter avec le ton du sarcasme. La veuve de sir Henri Russel n'a, il est vrai, pas de couronne à ses armes, ni rien qui les distingue ; mais c'est cependant un bel équipage, dans lequel on voit souvent miss Elliot, et à Westgate, à la porte d'une pauvre veuve de trente ou quarante ans, impotente comme si elle en avait quatre-vingts, cela est-il soutenable ? Une mistriss Smith être préférée par miss Alice Elliot à sa propre famille, de la première noblesse d'Angleterre et d'Irlande ! Smith, mistriss Smith, un nom si commun ! Elle doit être bien fière de recevoir chez elle miss Elliot ! »

Madame Clay, qui avait été présente à tout ce qui s'était passé, jugea à propos de quitter la chambre ; Alice aurait pu alors, sans craindre de la blesser, réclamer les mêmes droits que sa sœur pour le choix d'une amie plébéienne ; mais son respect pour son père, chez qui logeait madame Clay, la retint. Elle ne leur répliqua rien, et leur laissa le soin de se rappeler que madame Smith n'était pas la seule veuve à Bath, de trente à quarante ans, sans rang ni fortune, qui pût se flatter d'être l'amie de la fille d'un baronnet.

Elle alla chez sa pauvre malade, qu'elle rendit plus heureuse que ne l'auraient été lady

Dalrymple et sa maussade fille. Le lendemain à déjeûner, Élisabeth ne cessa de vanter la délicieuse soirée qu'on avait passée chez sa cousine, la charmante vicomtesse et l'aimable miss Carteret : Alice avait été la seule absente de la famille. Milady avait eu l'attention de charger Élisabeth d'inviter en son nom lady Russel et M. Elliot : ce dernier avait rompu son engagement chez le colonel Wallis pour y venir ; lady Russel s'était aussi dégagée de ses invitations du soir, et tout le monde avait été dans l'enchantement de faire partie d'une si belle réunion.

Quelques heures après, Alice eut de lady Russel une relation un peu différente de cette soirée de famille : la vicomtesse, se disant malade, s'était donné des airs langoureux, et n'avait pas ouvert la bouche ; sa fille avait bâillé dans un coin, Élisabeth n'avait cessé de porter tour à tour ses regards sur sa chère cousine, et sur son cousin, qui causait d'Alice avec lady Russel ; ce sujet d'entretien avait fort intéressé la bonne dame. Sa jeune amie avait été regrettée, et louée par le motif de son absence. La bonté et la compassion d'Alice pour une amie pauvre et souffrante enchantèrent M. Elliot au plus haut degré ; il jugeait sa cousine comme la jeune femme la plus rare qu'il eût rencontrée : son caractère, ses manières, son esprit, sa figure même si jolie et si expressive, lui semblaient un modèle de perfection. Il se rencontrait très-bien avec lady Russel, lorsqu'ils discutaient ensemble sur les mérites d'Alice; et celle-ci, à qui lady Russel rapportait fidèlement ces entretiens, ne pouvait être insensible à de tels éloges, donnés par un homme dont elle estimait le jugement et la sensibilité; elle en éprouvait une sensation très-agréable, que son amie était charmée d'exciter.

Lady Russel avait la plus haute opinion de M. Elliot; elle était convaincue qu'il pensait sérieusement à obtenir la main d'Alice, s'il parvenait à toucher son cœur; elle pensait que rien n'était plus facile, et commençait à calculer le nombre de semaines qui lui restaient encore à porter le grand deuil, et à retrouver tous ses moyens de plaire. Elle n'osait dire à son élève la moitié de ce qu'elle pensait sur ce sujet; mais elle ne pouvait s'empêcher de lui donner à entendre assez clairement qu'un attachement mutuel entre elle et son cousin était très-possible et très-désirable, vu leurs rapports de naissance, de caractère, d'opinion; elle alla même jusqu'à lui dire un jour que le ciel les avait formés l'un pour l'autre. Alice ne répondit pas; elle rougit, sourit, et secoua doucement la tête.

« Je n'aime pas à me mêler de mariage, lui dit lady Russel, étant trop convaincue de l'incertitude des calculs humains; mais je crois que si M. Elliot pensait à vous, que vous fussiez disposée à écouter ses vœux, vous seriez très-heureux ensemble. Vous ne pourriez faire, ma chère Alice, un établissement plus convenable; qu'en pensez-vous, mon enfant?

— Je pense que M. Elliot est un homme fort agréable, j'ai de lui la meilleure opinion; mais nous ne nous convenons pas. »

Lady Russel parut surprise, et garda quelques instans le silence; puis, sans répondre directement, elle ajouta, comme si elle suivait le cours de ses pensées : « Oui, je l'avoue, je serais ravie de voir en vous la future propriétaire de Kellinch-Hall, la future lady Elliot; de vous voir en perspective prendre la place que votre digne mère occupait, succéder à tous ses droits; vous auriez, Alice, sa popularité, sa bienfaisance, toutes les vertus qui la faisaient adorer. Oui, ce serait pour moi un grand bonheur! Vous êtes le vivant portrait de votre mère; même physionomie, même caractère ; ah ! chère Alice, je croirais la retrouver entièrement en vous ! Vous porteriez son nom, vous habiteriez sa demeure, vous seriez chérie dans ces lieux où je m'étais fixée pour elle seule ; plus heureuse qu'elle, vous seriez la digne compagne d'un homme qui saurait vous apprécier. Ah ! mon Alice, si ce vœu de mon cœur était réalisé, je serais plus heureuse aussi que je ne l'ai jamais été. »

Alice fut obligée de se détourner, de se lever et d'aller à l'autre bout du salon, sous le prétexte de chercher quelque chose, pour cacher et surmonter l'émotion que ce tableau avait excitée en elle. Pendant quelques momens, son cœur et son imagination furent subjugués ; l'idée de devenir ce que sa mère avait été, de porter un nom si cher à son souvenir, d'habiter encore Kellinch-Hall, d'y passer sa vie entière, était un charme auquel elle ne pouvait d'abord résister. Lady Russel, qui la suivait des yeux, comprit ce qu'elle sentait, et n'ajouta pas un mot, préférant la laisser à ce sentiment, convaincue que lorsque M. Elliot parlerait pour lui-même il serait écouté. Alice était loin d'avoir cette conviction ; la même image, celle de M. Elliot parlant pour lui-même, se présenta à son esprit et détruisit à l'instant le prestige de bonheur qui s'était emparé de son imagination : le charme du titre de lady Elliot, celui de posséder Kellinch-Hall, s'évanouirent ; elle n'eut plus qu'une seule pensée, c'est qu'il lui serait impossible d'accepter la main de son cousin ; et ce n'était pas seulement parce qu'elle sentait encore l'impression de son premier amour, elle espérait bien triompher de ce sentiment, que la raison et bientôt le devoir allaient condamner ; mais son jugement, son opinion, étaient contre M. Elliot.

D'abord, elle ne le connaissait que depuis un mois, et ce n'était pas assez pour étudier le caractère de l'homme à qui on veut unir sa destinée. Il était agréable, il parlait bien, il professait de très-bonnes opinions, il paraissait sensible, il semblait avoir un jugement sain et éclairé, il avait de l'esprit naturel et de l'instruction ; sur tout cela elle lui rendait justice, et convenait que c'était plus qu'on ne peut attendre du commun des hommes ; mais ce n'était pas assez pour elle : elle voulait estimer et considérer son mari au-dessus de tous les hommes et pour cela il fallait qu'elle fût sûre de la rectitude de ses principes en religion et en morale. Certainement il connaissait ce qui était bien ou mal ; on ne pouvait lui reprocher aucune transgression positive de ses devoirs ; mais était-elle sûre que sa conduite, bonne en apparence, ne fût pas calculée pour faciliter la réussite de quelque projet du moment? Elle était au moins dans le doute à cet égard, et bien sûrement il n'avait pas toujours été ce qu'il paraissait être. Quelquefois il nommait par hasard ses amis de jeunesse, qu'Alice avait entendu citer comme des jeunes gens d'une conduite très-légère. Son mariage n'avait pas été heureux, à ce que disait le colonel Wallis ; mais était-ce sa faute ou celle de sa femme? Dans l'un ou dans l'autre cas, elle ne trouvait pas qu'il parlât d'elle avec cette sensibilité qu'il affectait d'avoir pour d'autres sujets. Il l'avait épousée par inclination, elle l'avait passionnément aimé ; elle était belle, aimable ; elle était morte dans la fleur de son âge ; et même en lui supposant quelques torts, un tel événement devait laisser des traces plus profondes dans un cœur vraiment sensible.

Ses discours ni ses manières n'annonçaient pas un homme irréligieux ; mais elle pouvait juger qu'il était au moins indifférent. Il allait rarement à l'église, choisissait le dimanche pour ses courses, n'avait lu aucun des excellens ouvrages sur cette matière importante :

quand on en parlait, il gardait un silence respectueux ; mais elle avait quelquefois remarqué un sourire de dédain qui ne lui plaisait pas.

M. Elliot était, sans contredit, raisonnable, discret, poli.... ; mais il n'était pas ouvert ; il n'avait jamais d'élan involontaire d'enthousiasme, aucune flamme d'indignation ni de délice au récit du mal ou du bien : cela seul, aux yeux d'Alice, était une imperfection décidée. Elle prisait la franchise, cette ouverture de cœur, cette chaleur d'un premier mouvement, au-dessus de tout ; un caractère caché et constamment sur ses gardes n'avait aucun attrait pour elle : le feu et la vivacité de Wentworth étaient ce qui l'avait le plus captivée, et ce qu'elle aimait encore autant que dans sa jeunesse. Elle sentait qu'elle aurait plus de confiance dans la sincérité de quelqu'un qui parle souvent sans réfléchir, et à qui il échappe ce qu'il vaudrait mieux ne pas dire, que dans ceux dont la présence d'esprit n'est jamais en défaut, dont les discours sont toujours calculés. M. Elliot était aussi trop généralement aimable ; il plaisait également aux gens les plus opposés de caractère ; il était trop coulant et facile avec chacun. Il avait parlé à sa cousine

Alice avec quelque confiance de madame Clay ; il paraissait avoir pénétré son but et la voir avec mépris, et cependant madame Clay était aussi enchantée de M. Elliot que les autres individus de la famille.

Lady Russel, qui prétendait être très-pénétrante, voyait plus ou moins que sa jeune amie. M. Elliot continua d'être un être parfait à ses yeux ; elle ne pouvait trouver un homme plus parfaitement à son gré que M. Elliot, et nourrir un plus doux espoir que celui de le voir, l'automne suivant, recevoir la main de sa chère Alice dans la chapelle de Kellinch-Hall.

CHAPITRE VI.

On était au commencement de février ; Alice habitait Bath depuis plus d'un mois. Elle était très-impatiente d'avoir des nouvelles de Lyme. Maria lui écrivait rarement, et ne lui parlait que de ses nerfs et de ses ennuis. Il y avait déjà trois semaines qu'elle n'avait reçu aucune lettre, lorsque sa sœur lui fit savoir qu'Henriette était encore à Upercross auprès de ses parens, et que Louisa, quoique tout-à-fait rétablie, mais prétextant sa faiblesse, était encore à Lyme. Mais un matin M. Elliot, en faisant sa visite accoutumée, s'approcha d'elle, et lui dit avec un air de plaisir :

« Je suis assez heureux, mon aimable cousine, pour pouvoir vous donner de bonnes nouvelles de vos amis de Lyme. J'ai rencontré ce matin, au café, M. Scott, le chirurgien de Lyme, le même qui a soigné miss Musgrove lors de son terrible accident : il prétend lui avoir sauvé la vie, et en même temps celle d'un chevalier dévoué qui l'aurait suivie au tombeau, et qu'elle va suivre à l'autel, ce qui vaut beaucoup mieux. Elle se marie : vous le saviez sans doute ?

— Oui.... non.... je n'étais pas sûre...., » répondit Alice d'une voix très-émue.

« Vous étiez sûre du moins du sentiment qu'elle inspirait ? M. Scott dit qu'il n'a jamais vu un tel désespoir quand elle était en danger, et des soins aussi touchans ; aussi n'a-t-elle pas tardé à le récompenser.

— Quel est son mari ? » demanda négligemment sir Walter.

« Ma foi, j'ai oublié son nom ; je suis brouillé avec les noms propres. C'est un capitaine de vaisseau..... de *la Laconia*, je crois. Oui, c'est bien cela. N'y a-t-il pas un vaisseau de ce nom-là ? Mais miss Alice nous dira celui de l'amant de son amie. »

Alice s'était levée. Certainement, elle le savait ce nom toujours présent à sa pensée ; mais elle ne put supporter qu'il fût prononcé devant son père et sa sœur, à qui il rappellerait sûrement ce qu'elle voulait s'efforcer d'oublier. Feignant donc de n'avoir pas entendu ce que disait M. Elliot, elle sortit, et rentra dans sa chambre pour tâcher de se remettre et de se calmer. Elle s'attendait à cet événement, elle l'avait même désiré comme un moyen de bonheur pour Wentworth. *Il l'aurait suivie au tombeau!* répétait-elle. Ah! qu'elle vive, et qu'elle le rende heureux comme j'aurais tâché qu'il le fût si... si j'avais su l'aimer comme il méritait de l'être, si j'avais eu, comme Louisa, cette fermeté de caractère, cette volonté décidée, qui, je le vois à présent, sont nécessaires quand il s'agit du destin de sa vie. Ah! sans doute il devait à cette jeune fille le dédommagement de ses souffrances; mais ont-elles égalé les miennes, et n'est-ce pas lui aussi qui les a causées? A présent, tout est fini; souvenir, amour, espoir, vous devez vous effacer de mon cœur! Ce cruel moment détruit la chimère qui le flattait encore! Elle s'avoua à elle-même que, tant que Wentworth avait été libre, elle n'avait fait aucun effort pour le bannir de son cœur; maintenant elle le doit, et sans doute elle y parviendra : le mari de son amie ne l'intéressera plus que comme son ami. De ce moment, elle se résout à l'oublier, cherche à calmer son esprit. Elle prend un livre, fait une promenade, et ne rentre que pour le dîner, assez tranquille en apparence. M. Elliot n'était plus là; Louisa, le capitaine de *la Laco-*

nia, n'occupaient déjà plus la famille Elliot ; il n'en fut même pas question. Une invitation pour le lendemain chez lady Dalrymple était bien autrement importante.

Alice était, dans la soirée, occupée à servir le thé, lorsque le laquais lui apporta une grosse lettre (sur l'enveloppe de laquelle elle reconnut l'écriture de Maria), et, à sa grande surprise, quelques lignes de complimens de l'amiral et de madame Croft, arrivés à Bath depuis une heure. Les Croft à Bath au moment du mariage de leur frère ! Est-ce quelque maladie qui les attire ? A-t-on ordonné les bains à Louisa pour achever sa guérison ? Le cœur de la pauvre Alice battait vivement, et lui disait que la sienne n'était pas encore avancée. La lettre de Maria allait sans doute l'instruire : sa grosseur inaccoutumée lui fit penser qu'elle lui contait en détail l'événement du mariage de sa belle-sœur. Elle n'avait nulle envie de la lire devant ses parens ; et la mettant dans la poche de son tablier, elle continua de servir le thé.

« Les Croft ici ! s'écria sir Walter ; c'est très-singulier, le propriétaire et le *tenant* de Kellinch-Hall dans le même lieu ! Qu'est-ce qu'ils vous ont apporté, miss Alice ?

— Une lettre d'Upercross, mon père ; elle est de Maria.

— C'est bien, dit sir Walter ; une lettre de ma fille, de madame Charles Musgrove, est un passe-port très-convenable ; mais, dans tous les cas, j'aurais rendu une visite à l'amiral : je sais ce que l'on doit à l'homme qui habite Kellinch-Hall. »

Le thé était fini ; Alice fut s'établir à une table plus éloignée pour lire sa lettre ; elle ne pouvait attendre plus long-temps ; elle l'ouvrit, et vit que sa sœur l'avait commencée depuis plusieurs jours. Nous allons donner un échantillon du style de l'égoïste Maria.

1er. février, Upercross, cottage.

« MA CHÈRE ALICE,

» Je ne vous fais aucune apologie de mon
» silence, parce que je sais combien les let-
» tres des parens sont indifférentes à ceux qui
» ont le bonheur d'habiter Bath ; vous êtes
» sûrement trop heureuse pour vous occuper
» d'Upercross, qui n'offre rien d'intéressant.

» Nos fêtes de Noël ont été très-ennuyeuses :
» M. et madame Musgrove avaient tellement
» rempli leur maison d'enfans, qu'ils n'ont pu
» donner un seul grand dîner à nos voisins.
» Je ne compte pas les Hayter, qui sont ici sans
» cesse, pour oublier les ennuis de leur
» odieuse ferme. Enfin, ces insipides fêtes sont
» passées, les enfans seuls en ont été contens;
» ils sont repartis hier pour leurs écoles, à
» l'exception des petits Harville. Vous serez
» un peu surprise, je crois, d'apprendre qu'ils
» ne sont pas encore retournés chez eux. Ma-
» dame Harville n'est pas une trop tendre mère,
» puisqu'elle peut être si long-temps séparée
» de ses enfans; au reste, je ne les trouve pas
» du tout gentils : les petites filles ont le nez
» collé sur leur ouvrage ou sur leurs dessins,
» et les petits garçons, sur leurs livres ou sur
» des jouets destinés à l'éducation, et qui les
» instruisent en les amusant. Croiriez-vous,
» Alice, que madame Musgrove les vante sans
» cesse, et les aime mieux, je crois, que ses
» fils ?

» Quel affreux temps nous avons eu cet
» hiver ! Vous ne vous en apercevez pas, sur
» votre beau pavé de Bath ; mais à la cam-
» pagne, la neige et les mauvais chemins sont

» un malheur de plus ; aussi n'ai-je pas vu
» une créature vivante chez moi depuis la
» seconde semaine de janvier, excepté George
» Hayter, qui vient plus souvent que je ne le
» voudrais. N'est-ce pas bien fâcheux qu'Hen-
» riette ne soit pas restée à Lyme autant que
» Louisa ? Elle aurait oublié son cousin, et
» fait peut-être une autre conquête qui m'au-
» rait mieux convenu.

» Le carrosse de M. Musgrove est parti ce
» matin pour aller chercher Louisa et les Har-
» ville, qui seront ici demain. Je pense que
» le capitaine Bentick viendra aussi : quoique
» je le trouve très-maussade avec sa tristesse
» habituelle, c'est toujours quelqu'un d'étran-
» ger, et qu'on ne voit pas journellement.
» C'est le gentil Wentworth qu'il nous fau-
» drait pour nous égayer ; mais sans doute il
» ne tardera pas à venir aussi. Nous sommes
» invités à dîner à la grande maison, non pas
» demain, mais le jour suivant : madame Mus-
» grove craint que sa fille ne soit trop fati-
» guée du voyage, c'est très-ridicule ; elle au-
» rait pu rester dans sa chambre pour se
» reposer, et il m'aurait mieux convenu d'y
» dîner demain : je suis pressée, comme vous
» devez le comprendre, de quitter ma soli-

» tude. Je suis charmée que vous trouviez
» notre cousin Elliot agréable, et je voudrais
» beaucoup le connaître aussi ; je ne puis me
» consoler de l'avoir manqué à Lyme ; j'ai
» bien reconnu là mon bonheur accoutumé :
» je suis toujours privée de ce que je désire,
» toujours la dernière de ma famille à qui l'on
» fasse attention.

» Quel temps immense madame Clay reste
» avec Elisabeth ! Est-ce qu'elle prétend ne
» s'en aller jamais ? Peut-être que si elle lais-
» sait sa chambre vacante, mon père m'invi-
» terait à passer quelque temps à Bath ; dites-
» moi ce que vous en pensez. Je ne demande
» point d'y mener mes enfans, ce serait un
» trop grand embarras ; je puis bien les lais-
» ser chez leur grand'mère pour cinq ou six
» semaines.

» J'apprends en ce moment que les Croft
» vont à Bath immédiatement pour la goutte
» de l'amiral ; Charles l'a appris par hasard ;
» ils n'ont pas eu la politesse de m'en donner
» avis, et de m'offrir de prendre mes lettres :
» ils n'agissent pas avec nous en bons voisins ;
» nous n'entendons point parler d'eux, et ce-
» pendant ils devraient être prévenans pour
» la fille de sir Walter Elliot.

» Charles se joint à moi pour vous assurer
» de notre amitié.

» Votre affectionnée sœur,

» Maria Musgrove. »

P. S. « Je suis fâchée d'avoir à vous ap-
» prendre que je suis loin d'être tranquille sur
» ma santé. Jemina vient de me dire que le
» sommelier a un abcès dans la gorge ; je suis
» sûre que je prendrai ce mal : vous savez
» que je suis sujette à de légers maux de
» gorge ; mais celui-ci est sérieux, et j'en suis
» très-inquiète. »

Alice avait parcouru d'un bout à l'autre cette longue lettre, espérant trouver quelque chose d'intéressant ; elle avait entrevu, en l'ouvrant, le nom de *Wentworth* et celui de *Louisa* ; mais Maria avait trouvé le moyen de remplir quatre pages pour la première fois de sa vie, et de ne parler que de choses insignifiantes. Alice regrettait l'émotion que cette lettre lui avait donnée, lorsqu'en la remettant dans l'enveloppe elle vit une seconde feuille écrite ; elle contenait ce qui suit :

« J'avais laissé ma lettre ouverte pour pou-
» voir vous dire comment Louisa avait sup-
» porté le voyage, et j'ai bien fait, ayant en-
» core bien des choses à ajouter. D'abord, je
» reçus hier au soir, par un exprès, un billet
» obligeant de madame Croft ; elle m'offrait
» de prendre tout ce que j'aurais à vous en-
» voyer ; ce billet est très-poli, très-amical,
» ce qu'il devait être enfin ; je donne donc
» cette longue lettre à l'amiral. Il n'est pas
» bien ; je désire sincèrement que Bath lui
» soit salutaire ; je serai charmée de les voir
» revenir ; nous ne pouvons avoir de meil-
» leurs et de plus agréables voisins.

» A présent, parlons de ma belle-sœur
» Louisa ; j'ai quelque chose à vous commu-
» niquer sur elle, et cela va bien vous sur-
» prendre. Elle vint jeudi avec les Harville
» très-heureusement, et dans la soirée nous
» allâmes, Charles et moi, voir comment elle
» était. Nous fûmes surpris de ne pas trouver
» le capitaine Bentick ; il avait été invité, ainsi
» que les Harville ; et pour quelle raison pen-
» sez-vous qu'il ne soit pas venu? Devinez ; je
» vous le donne en cent, en mille..... C'est
» parce qu'il est amoureux fou de Louisa,
» qu'il a soignée pendant sa convalescence :

» elle a fini par l'aimer aussi ; tout était ar-
» rangé entre eux avant qu'elle vînt ici. Il a
» écrit à M. Musgrove pour lui demander la
» main de sa fille ; il a voulu attendre la ré-
» ponse avant de venir en personne : elle lui
» est très-favorable ; ses manières douces et
» les soins qu'il prenait de Louisa lui avaient
» gagné l'affection de tous ses parens. N'êtes-
» vous pas étonnée ? Vous étiez-vous doutée
» de cette passion ? N'auriez-vous pas cru que
» c'était le capitaine Wentworth qu'elle ai-
» mait ? Ne pensez-vous pas qu'il sera très-
» *désappointé ?* Aussi pourquoi s'en aller ? Sa
» belle était trop affaiblie par le mal pour con-
» server la fermeté dont elle se vantait si sou-
» vent ; elle a cédé à la première épreuve. Si
» Wentworth pouvait à présent songer à Hen-
» riette, et lui faire oublier son cousin, com-
» bien je serais contente ! Glissez-en quelque
» chose à madame Croft ; elle a beaucoup d'in-
» fluence sur son frère, et pourrait le décider.
» M. Musgrove a écrit à Bentick pour lui
» donner son consentement ; il est attendu au-
» jourd'hui. Nous sommes tous très-contens ;
» la bonne maman Musgrove regrette un peu
» le capitaine de son pauvre Richard ; mais
» M. Bentick l'a connu aussi quand il était

» premier lieutenant sur *la Laconia*. Quant à
» moi, vous savez que j'ai toujours dit que le
» capitaine Wentworth n'était pas très-attaché
» à Louisa; je n'ai jamais cru que ce fût de
» l'amour. Il était trop gai, il riait trop; on
» ne fera pas ce reproche au capitaine Ben-
» tick. Madame Harville dit que son mari est
» un peu surpris que sa sœur soit si vite ou-
» bliée. Au reste, Louisa est leur favorite à
» tous deux; elle remplace leur Fanny; son
» accident l'a tout-à-fait changée; elle est à
» présent aussi tranquille qu'elle était étour-
» die; elle a pris le goût de la lecture avec
» Bentick, qui lui lisait tous les livres que vous
» lui avez indiqués. A propos, je vous fais
» mon compliment de condoléance; Louisa
» vous a enlevé votre admirateur : comment
» Charles avait-il pu imaginer cela? Je n'ai
» jamais pu le comprendre; je serais fâchée
» qu'il vous l'eût persuadé, et que vous en
» voulussiez à Louisa : nous savons à présent
» pourquoi il voulait rester à Lyme; pardon-
» nez-leur à tous deux. Tout irait bien si
» Wentworth épousait Henriette; tâchez que
» cela arrive, et que nous soyons débarrassés
» de ce jeune révérend, qui m'est odieux.

» Adieu, chère Alice. »

Ah! oui certainement, Alice était étonnée ; jamais elle ne l'avait été davantage ; elle ne pouvait en croire ses yeux : c'est Bentick que Louisa épouse ! Wentworth est libre encore ! A cet article de la lettre de Maria, un cri de surprise lui échappa. Elisabeth daigna lui demander si un des enfans était malade. —Non, ma sœur. —Pourquoi donc criez-vous ? pourquoi dites-vous, *ah! mon Dieu ?* Vous m'avez effrayée : que vous dit donc Maria ?

—Elle m'apprend le mariage de sa belle-sœur Louisa. —Vous le saviez par M. Elliot ; il ne devait pas vous surprendre.

—Il n'avait pas nommé celui qu'elle épouse.

—Qui est-ce donc ? demanda sir Walter.

—Un M. Bentick, le capitaine Bentick : à présent Alice jouit de pouvoir prononcer, sans rougir ou pâlir, le nom du futur époux de son amie.

—Bentick ! répéta sir Walter ; c'est un nom connu ; vous l'avez vu : comment est sa figure ?

—Très-agréable.

—Il est grand sans doute ? Il a une belle figure militaire ?

—Non ; il est d'une taille médiocre.

—Eh ! comment peut-on dire qu'un homme

d'une taille médiocre, petite peut-être, ait la figure agréable? et un marin encore! Je ne lui donne pas dix ans pour devenir affreux; et vous dit-on ce que les Croft viennent faire à Bath?

—L'amiral? Il craint d'avoir la goutte.

— Goutte et décrépitude ; pauvre vieil homme! que je le plains! Voyagent-ils avec quatre chevaux? Dans quel quartier logeront-ils?

Alice ne pouvait les en instruire.

— C'est cependant essentiel à savoir, dit Elisabeth, avant de leur faire une visite; il y a tel quartier où il ne nous conviendrait pas d'aller.... Comment est Maria? Et sans attendre la réponse : Savez-vous si les Croft ont ici quelque connaissance?

—Je l'ignore, mais je le suppose; dans la profession de l'amiral, et avec son grade, il doit connaître quelques personnes dans une ville telle que celle-ci.

—Je pense, dit froidement sir Walter, que l'amiral Croft est plus connu à Bath comme le locataire de Kellinch-Hall que par ses dignités militaires. Elisabeth, croyez-vous que nous puissions hasarder de le présenter, ainsi que sa femme, à Laura-Place?—Oh! non, non, répondit vivement Elisabeth ; c'est impossible ! Sur le pied où nous sommes avec lady Dalrymple, étant ses *cousins* surtout, nous ne devons pas l'embarrasser de connaissances qui ne lui conviendraient pas ; sans ce lien de parenté, ce serait fort égal ; mais elle se ferait un scrupule de nous refuser quelque chose : il sera beaucoup mieux de laisser les Croft se tirer d'affaire comme ils pourront. Il y a ici plusieurs officiers passablement ridicules que je rencontre à la promenade, et qu'on m'a dit être des marins ; les Croft s'associeront avec eux.

Sir Walter approuva, et ni l'un ni l'autre ne reparlèrent de la lettre de Maria. Madame Clay fut plus polie ; elle paya son tribut de civilité en demandant des nouvelles de la charmante madame Charles Musgrove, et de ses deux petits garçons : après cela, Alice fut en liberté de se retirer.

Seule dans sa chambre, elle lut et relut la lettre de sa sœur. Jusqu'alors elle avait cru rêver ; mais rien n'était plus réel. Elle s'arrêta long-temps à ces membres de phrase : « Ne pensez-» vous pas que le capitaine Wentworth sera bien » *désappointé ?* Aussi pourquoi s'en aller ? » Elle aussi se demandait pourquoi : peut-être a-t-il cédé la place ; il a vu que Louisa avait cessé de l'aimer, ou il a découvert qu'elle ne l'aimait pas. Elle ne pouvait supporter la pensée de trahison ou de légèreté, d'aucun mauvais procédé entre lui et son amie ; qu'il eût à se plaindre d'elle ou elle de lui était une idée également désespérante. Le capitaine Bentick et Louisa Musgrove lui avaient paru si différens l'un de l'autre, si opposés de caractère, de conduite, de sentimens, qu'il ne lui était jamais venu dans l'esprit qu'ils pussent se rapprocher : l'insouciante, la folâtre, l'étourdie Louisa Musgrove, toujours causant, riant, sautant ; et le triste et sensible Bentick, toujours soupirant, réfléchissant ou lisant. Quelle sympathie les avait entraînés assez puissamment pour leur faire oublier si vite, l'une, le charmant Frederich, et l'autre cette femme si adorée et tant regrettée ? La réponse se présenta d'elle-même : « Ce sont la situation et les circonstances qui décident plus souvent qu'on ne pense du sort des humains ; l'accident de Louisa les avait placés sous le même toit pendant plusieurs semaines, dans une maison si étroite, qu'il fallait absolument se réunir. » Bentick céda au premier moment sa chambre à la malade, en y laissant tous ses effets et ses livres ; ce fut une occasion d'y rentrer souvent. Henriette, en partant, lui recommanda sa sœur comme à un frère ; elle se fiait plus à lui qu'à Charles, étant plus doux, plus tranquille ; il soigna la convalescence de Louisa avec la sensibilité qui le caractérisait : la faiblesse de la malade la rendait plus intéressante. Wentworth était absent, Bentick toujours là avec ses tendres attentions, et il n'était pas inconsolable. Certainement Alice avait fait impression sur lui ; il avait un de ces cœurs qui ne demandent qu'à se donner : la douleur et les regrets ne pouvaient lui suffire, et l'amour pour un objet animé était dans sa nature. Louisa se trouva sur son chemin ; elle s'attacha à lui par la reconnaissance et par la vanité de bannir de sa pensée le souvenir de cette Fanny tant regrettée. Wentworth riait avec elle, paraissait la préférer, mais ne s'était jamais expliqué clairement ni sur ses intentions, ni sur ses sentimens. Bentick déclara les siens avec tendresse et sincérité, et ne fut pas rebuté. Alice fut convaincue qu'ils seraient heureux ; elle rendrait Bentick plus gai, et il rendrait Louisa plus sensible ; déjà enthousiaste des marins, elle le serait bientôt de Scott et de lord Byron, si elle ne l'était déjà par les lectures que son amant lui avait faites pendant sa maladie.

L'idée de Louisa Musgrove, devenue studieuse et sentimentale, était très-amusante. Alice fut convaincue qu'on ne doit désespérer de rien, et qu'une chute pouvait opérer de grands changemens dans le caractère, dans les goûts et dans la destinée. La conclusion de ses réflexions fut que, si la femme qui avait paru sentir tout le mérite de Wentworth pouvait aussi vite lui préférer un autre homme, elle ne devait pas être long-temps regrettée. Ah ! ce n'étaient pas des regrets qui faisaient battre le cœur d'Alice en dépit d'elle-même, et qui coloraient ses joues en pensant que Frederich était libre encore ! Elle était presque honteuse d'éprouver quelque chose qui ressemblât à une joie insensée ; car le mariage de Louisa ne rendait pas à Wentworth l'amour qu'il avait eu pour elle, ne l'embellissait pas à ses yeux ; tout paraissait être également fini pour elle.

Elle était impatiente de voir les Croft ; mais quand cette rencontre eut lieu, il fut évident qu'ils ignoraient l'événement. Les premières visites de cérémonie furent faites et rendues ; on parla des Harville, des Musgrove, du capitaine Bentick, mais on ne dit pas un mot du mariage.

Les Croft s'étaient logés dans le très-joli quartier de *Gays-Street*, à la grande satisfaction de sir Walter; il fut content, et, fier de l'air d'opulence de *son tenant*, rechercha leur connaissance plus que les Croft ne recherchaient la sienne. Ils avaient à Bath beaucoup de relations plus agréables, et qui leur convenaient mieux; leur relation avec la famille Elliot était plutôt une suite de circonstances qu'une liaison de choix; leur ton, leurs goûts, leur genre de vie, étaient complétement opposés. Ils avaient conservé à Bath toutes leurs habitudes de campagne. On avait ordonné à l'amiral l'exercice à pied; sa femme, qui n'existait que pour lui, l'encourageait en se promenant avec lui; on les voyait toujours ensemble; ils n'aimaient ni le jeu ni les nombreuses réunions, qui faisaient les délices de sir Walter et de sa fille. Alice, la seule qu'ils auraient voulu voir tous les jours, les rencontrait souvent; mais elle était ordinairement dans le carrosse de lady Russel, et à côté d'elle; il fallait alors se contenter d'un salut réciproque et amical; mais celui de lady Russel était plus cérémonieux. Les Croft lui plaisaient assez, surtout madame, et, malgré cela, elle avait mis et mettait encore si peu d'empressement à se lier avec eux, qu'Alice était persuadée que, malgré toutes les bonnes qualités de l'épouse de l'amiral, lady Russel ne lui pardonnait pas d'être la sœur du capitaine Wentworth. Pour elle, au contraire, c'était un attirail presque irrésistible, et dont elle ne cherchait pas à se défendre. Elle pouvait espérer de la sœur une réciprocité de sentimens qu'elle ne trouvait plus chez le frère. Le bonheur conjugal des Croft avait aussi pour elle un charme inouï; elle y trouvait la réalité de ce qu'elle avait si souvent rêvé quand elle croyait devenir la compagne de celui qu'elle aimait. Lorsqu'elle les rencontrait à la promenade, elle les suivait des yeux aussi loin qu'elle le pouvait. « Ils parlent sans doute, se disait-elle, de celui auquel je pensais sans cesse, auquel il ne m'est plus permis de penser... Non, je ne dois pas chercher à me lier avec eux; je dois fuir tout ce qui nourrit mes souvenirs, jusqu'à ce que je sois parvenue à les effacer tout-à-fait; alors, peut-être, pourrai-je devenir l'amie de cet heureux couple. » C'était un délice pour elle de voir avec quel empressement, quelle cordialité le bon amiral pressait la main de ses anciens camarades de service quand il les rencontrait, et le regard animé de madame Croft, qui aimait autant que son mari tout ce qui tenait à la marine.

Alice, entièrement dévouée à lady Russel, se promenait rarement seule ; il arriva cependant qu'un matin, ayant quelques emplettes à faire, elle pria son amie de lui permettre de descendre, et de retourner à Camben-Place ; en traversant Milsom-Street, elle eut le plaisir de rencontrer l'amiral ; il était seul aussi, contre son ordinaire ; il s'était arrêté devant le magasin d'un marchand d'estampes, les mains derrière le dos ; il paraissait être dans une sérieuse contemplation d'une gravure qui représentait une vue de marine ; il ne faisait nulle attention à ceux qui passaient ; Alice fut obligée de le toucher légèrement et de lui parler ; mais dès qu'il l'eut reconnue, il la salua avec sa franchise et sa bonne humeur accoutumées.

« Ah ! c'est vous, miss Elliot ? Je vous remercie mille et mille fois de m'avoir abordé ; c'est me traiter en ami, et vous avez raison. J'étais occupé de cette estampe ; je ne passe jamais devant ce magasin sans m'arrêter ; j'y trouve toujours quelque vaisseau : celui que vous voyez est horriblement mal bâti ; je ne m'aventurerais pas à le monter pour une croisière de dix milles, et cependant voilà deux hommes sur le pont qui paraissent fort tranquilles ; ah ! les pauvres gens ! au premier coup de vent, ils seront au fond de la mer. Eh bien ! chère miss Elliot, comment vous portez-vous ? bien, à ce qu'il me paraît. Où allez-vous donc ainsi toute seule ? Puis-je vous accompagner ? puis-je vous être bon à quelque chose ?

— Votre compagnie me sera fort agréable si vous avez quelques instans à me donner. Je retourne à Camben-Place.

— De toute mon âme, miss Elliot ; j'irai plus loin encore : oui, oui, prenez mon bras, nous allons faire une charmante promenade ; et cela se rencontre à merveille, car j'ai quelque chose à vous dire ; nous causerons en marchant. Appuyez-vous ; ne vous gênez pas plus que Sophie. Je ne marche point à mon aise si je ne sens un bras de femme sur le mien. Ah ! quel misérable bâtiment ! dit-il en jetant un dernier regard sur la gravure ; » et ils se mirent en chemin.

« Vous avez quelque chose à me dire ? reprit Alice, en prévoyant ce dont il allait être question.

— Oui, ma chère miss Elliot, et je vais commencer ; mais voilà un de mes amis, le capitaine Brigden, je veux seulement lui dire un mot en passant ; comme il a l'air étonné de me voir avec une autre femme que la mienne ! Pauvre Sophie ! elle a un rhumatisme sur une jambe, et cela la retient à la maison.... Que vois-je tout là-bas ? l'amiral Brand et son frère !..... Bon ! ils prennent une autre rue ; je suis charmé de ne pas les rencontrer ; Sophie ne peut les souffrir. Ce sont, je crois, les seuls marins qu'elle n'aime pas ; mais ils m'ont joué un tour pendable ; ils ont débauché le meilleur de mes matelots. Je vous conterai cette histoire une autre fois ; maintenant je vais vous dire.... Ha, ha ! voici le baronnet Archibald Drew et son petit-fils ; il nous a vus ; il baise sa main pour nous saluer ; c'est qu'il vous prend pour ma femme, ou que peut-être vous le connaissez ?

— Nullement ; c'est un vieillard.....

— Oui, et un homme d'honneur, mais il gâte son petit-fils ; il le garde auprès de lui, au lieu de le mettre sur un bon vaisseau. Ce pauvre Archibald ! c'est aussi pour la goutte qu'il vient ici. Ne trouvez-vous pas, miss Elliot, que Bath est un charmant endroit ? On y vit comme on veut. Je rencontre de mes anciens amis ou camarades dans toutes les rues ; on cause un moment, on se promène en idée sur la mer, on se rappelle les orages, les coups de feu, et l'on revient chez soi, où l'on se trouve si bien, si tranquille! Mais, comme dit Sophie, la mer a aussi ses agrémens. »

Alice perdait toute patience; ils allaient se quitter sans qu'elle eût rien appris; elle lui rappela qu'il avait quelque chose à lui dire.

« Oui, oui, je le sais bien, poursuivit-il; mais je ne veux commencer que lorsque nous serons à Belmont : c'est un grand espace où l'on est plus à son aise. » Il fallut en passer par là. Dès qu'ils y furent arrivés, il commença.

« Eh bien! miss Elliot, vous allez apprendre une chose qui vous surprendra; mais rappelez-moi, s'il vous plaît, le nom de baptême de cette miss Musgrove que mon beau-frère a failli tuer.

— Louisa, dit Alice sans convenir qu'elle sût déjà ce qu'il voulait raconter.

— Oui, c'est cela même. Eh bien! cette Louisa, nous pensions tous qu'elle allait épouser Frederich; il en était fou, on le voyait toujours riant et causant avec elle; nous ne comprenions pas, Sophie et moi, ce qu'ils attendaient pour conclure. L'accident de Lyme arriva; il fallait bien attendre qu'elle fût morte ou guérie; mais alors même il y eut quelque chose de singulier dans la façon d'agir de Frederich : au lieu de rester à Lyme auprès de sa belle pour la soigner, il va à Plymouth, reste chez son frère Edward, et ne s'embarrasse pas plus d'elle que si ce n'était pas lui qui l'eût laissée tomber et qui fût cause de sa maladie. Il ne nous a même pas écrit depuis novembre. Sophie, qui trouve bien tout ce qu'il fait, n'y peut rien comprendre; et ce qui arrive aujourd'hui est encore bien plus incompréhensible! Cette jeune dame, cette même Louisa Musgrove, au lieu d'épouser Frederich, se marie avec James Bentick. Connaissez-vous James Bentick?

— Un peu; je l'ai vu à Lyme, il m'a paru très-aimable.

— Oui, oui, c'est un bon diable. Eh bien! Louisa l'épouse; peut-être sont-ils déjà mariés. Bentick n'aura pas, comme Frederich, la bêtise d'attendre que quelque autre capitaine l'aborde, et s'en empare.

— Elle ne peut trouver mieux pour son bonheur, dit Alice; il est très-agréable; et j'ai entendu dire à ses amis qu'il a un excellent caractère.

— Oh! il n'y a pas la plus petite chose à dire contre lui. Il n'est pas encore capitaine de haut-bord, il est vrai; il n'a obtenu le commandement d'une frégate que cet été, et les temps sont mauvais pour avancer; cette diable de paix arrête tout ; mais c'est le seul défaut que je connaisse à James Bentick, excepté cependant qu'il est trop doux, trop tranquille ; à cela près, c'est un excellent homme, bon cœur s'il en fut jamais, et de plus bon officier, actif, zélé, brave comme un canon : c'est peut-être plus que vous ne pensiez; sa manière douce et sentimentale empêche qu'on ne lui rende la justice qu'il mérite.

— En vérité, vous êtes dans l'erreur, amiral; je n'ai jamais auguré, d'après la manière et le ton de M. Bentick, qu'il manquât de courage. On peut allier la politesse et la sensibilité avec la valeur, et c'est ainsi que je l'ai jugé ; il m'a beaucoup plu, et il doit généralement plaire.

— Bien, bien! les femmes sont les meilleurs juges; mais Bentick est trop flegmatique, et, sans partialité, nous trouvons, Sophie et moi, que notre frère Frederich vaut beaucoup mieux, est beaucoup plus aimable. Miss Elliot, ne trouvez-vous pas aussi que Wentworth est bien supérieur à Bentick? Dites la vérité.

Alice avait un accès de toux; elle ne put répondre; mais l'amiral attendit qu'il fût passé, et renouvela sa question : « N'est-ce pas, miss Alice, que Frederich est plus digne de captiver le cœur des belles que James Bentick? »

Après un moment d'hésitation, Alice dit : « Dispensez-moi de faire une comparaison entre deux amis; leur amitié prouve que dans des genres différens ils ont un égal mérite.

— Plaisante amitié que de lui voler sa maîtresse pendant son absence! et c'est vrai au moins; nous le savons de Frederich lui-même; sa sœur reçut enfin hier une lettre de lui dans laquelle il nous l'apprend. J'ai aussi une lettre du capitaine Harville, datée d'Upercross : je m'imagine qu'ils sont tous à Upercross.

Alice saisit cette occasion pour demander à l'amiral ce qu'elle désirait et craignait d'apprendre : « J'espère, lui dit-elle, qu'il n'y a rien dans le style du capitaine Wentworth qui puisse inquiéter madame Croft? Il me semblait aussi qu'il se formait un attachement entre lui et Louisa Musgrove; mais je présume que s'il y avait quelque engagement, il a été rompu sans mauvais procédé, sans trahison; j'espère que cette lettre n'annonce pas la colère d'un homme blessé de cette rupture?...

— Non, du tout; il n'y a pas un murmure,

pas une expression, qui prouvent la colère ou le dépit. »

Alice baissa la tête pour cacher le plaisir qui brillait dans ses yeux, et que décelait son sourire.

« Frederich, reprit l'amiral, n'est pas de ces gens qui se plaignent ; il a trop de fierté pour cela. Si la femme qu'il aime ne veut plus de lui, il l'oublie, et ne la regrette même pas. »

Alice eut alors à retenir un profond soupir ; mais elle se remit bientôt.

« Je comprends cela, dit-elle, pour la femme qui lui préfère un autre homme ; mais si cet homme était son ami, son confident peut-être, il peut ressentir vivement ce qui paraît d'abord être une perfidie ; c'est là ce que je..... ce que madame Croft pouvait craindre. J'aurais aussi été fâchée qu'une amitié telle que celle qui subsistait entre lui et M. Bentick fût détruite ou même blessée par cette circonstance.

— Oui, oui, j'entends, j'entends, mais il n'y a rien de tout cela dans sa lettre; il ne donne pas le moindre tort à Bentick ; il ne dit pas seulement qu'il ait été surpris, et il avait un motif pour l'être. D'honneur, on ne pourrait même croire qu'il eût jamais pensé à cette petite volage ; ce nom lui va mieux que l'autre. Il dit que le couple sera très-heureux qu'il sera bien aise de ne plus voir son ami Bentick triste et malheureux. Il n'y a rien là, je crois, qui veuille dire qu'il soit malheureux lui-même. »

Alice n'avait pas, comme l'amiral, cette conviction ; mais il était inutile de le questionner davantage ; elle se contenta de quelques remarques générales.

« Pauvre Frederich ! s'écria M. Croft après un moment de silence, à présent c'est à recommencer ; il faut chercher une femme. Je pense qu'il va bientôt arriver à Bath : Sophie lui écrira de venir nous joindre ici ; il trouvera de jolies et jeunes personnes ; il lui serait inutile, je crois, de retourner à Upercross pour la sœur de son infidèle : celle-là, à ce que je soupçonne, est pour son cousin le jeune révérend ; et il fera beaucoup mieux de venir ici, où il aura de quoi choisir. »

Alice ne répondit rien ; elle était près de Camben-Place. Elle salua l'amiral, le chargea de ses complimens pour madame Croft, et rentra chez elle.

CHAPITRE VII.

Au moment où l'amiral Croft exprimait le désir qu'il éprouvait que son beau-frère vînt à Bath, Wentworth y arrivait; il le trouva chez lui, et le lendemain Alice le vit par hasard. Élisabeth et madame Clay lui proposèrent de venir faire quelques emplettes dans la rue marchande de Milsom; M. Elliot les accompagna. A peine furent-elles à Milsom-Street, qu'il survint une averse assez forte pour faire désirer un asile; elles entrèrent dans une boutique. Élisabeth avait remarqué à quelque distance la voiture de lady Dalrymple arrêtée devant un magasin; elle espéra qu'il y aurait au moins une place pour elle, et pria son cousin Elliot d'aller la demander de sa part à la vicomtesse; il y courut, et revint bientôt, apportant les complimens de lady Dalrymple, qui s'estimait heureuse de pouvoir être utile à mesdames Elliot, et devait venir les prendre dans quelques minutes; son seul regret était que sa *birouche* ne pût contenir que quatre personnes, et que miss Carteret étant avec elle, elle ne pût prendre que deux dames. Elisabeth regarda son amie et puis sa sœur; l'un de ses regards disait : *Ce sera vous;* l'autre : *Ce ne sera pas vous.* Alice les interpréta ainsi, et comme elle n'avait nulle envie d'être avec les illustres parentes, et qu'elle ne voulait pas qu'on la refusât, elle se hâta de dire qu'elle ne craignait pas la pluie, que ses bottines étaient fortes, qu'elles la garantiraient de l'humidité; qu'avec le bras de son cousin Elliot elle serait bientôt à la maison, et qu'elle cédait avec plaisir la place à madame Clay. Mais, à sa grande surprise, madame Clay refusa de l'accepter, assura qu'elle n'irait point en voiture quand miss Elliot était à pied, et qu'elle espérait que M. Elliot voudrait bien aussi l'accompagner. Alice insista; madame Clay fit de même; et, malgré les signes d'Élisabeth, persista. Alice et madame Clay mirent tant d'obstination dans leurs complimens, que M. Elliot et Élisabeth furent obligés de décider. Élisabeth prétendit que madame Clay avait un commencement de rhume qu'il fallait ménager. M. Elliot examina les bottines, et déclara que celles de sa cousine Alice étaient plus fortes : madame Clay fut donc obligée de céder, et de jouer le rôle de dame d'honneur de la noble Élisabeth. Alice, enchantée d'en être dispensée, s'éloigna d'elles, et fut s'asseoir près de la fenêtre, pour saisir le moment où la pluie se ralentirait. Elle y était à peine, qu'elle vit le capitaine Wentworth qui descendait la rue; elle tressaillit; personne ne s'en aperçut; mais elle s'indigna de sa propre faiblesse, et de l'émotion excessive qu'elle éprouvait. Pendant une ou deux minutes, elle ne distingua plus aucun objet autour d'elle; elle ne sentait que trouble et confusion dans sa tête et dans son cœur. Lorsqu'elle eut repris ses sens, elle vit Élisabeth et madame Clay causant ensemble et ne faisant nulle attention à elle. M. Elliot, toujours obligeant, était allé faire, dans une rue voisine, une commission pour madame Clay.

Alice se sentit tout-à-coup une grande envie d'aller ouvrir la porte du magasin, pour voir s'il pleuvait encore : était-ce bien son seul motif? Ne voulait-elle pas s'assurer si ses yeux ne l'avaient point trompée? Mais la palpitation de son cœur lui disait encore que c'était bien Wentworth qu'elle avait vu. Il marchait très-vite, et sans doute il était à présent hors de sa vue; c'est donc le désir seul de s'assurer si la pluie a cessé qui l'attire irrésistiblement à la porte. Elle y est ; la porte s'ouvre du dehors,

Wentworth paraît, avec plusieurs personnes de sa connaissance qu'il avait rencontrées au bas de la rue et suivies jusqu'à ce magasin. Il fut très-étonné en se trouvant en face d'Alice ; sans doute elle n'était pas moins émue ; mais cette fois elle avait sur lui l'avantage de n'être pas surprise. Le trouble du premier moment, produit par sa présence, était dissipé; mais il lui restait encore assez à sentir et à cacher; agitation, peine, plaisir, crainte, espoir; elle était dans un état qu'on ne peut définir, qui tient à la fois du délice et de la douleur : ah ! oui, du délice ! car pour la première fois depuis qu'elle l'avait retrouvé, elle crut remarquer quelque nuance de ses premiers sentimens. Il avait rougi ; quelques mots qu'il lui adressa en la saluant, et qu'elle entendit à peine, annonçaient de l'embarras, de l'émotion; il se détourna ensuite de quelques pas, et n'eut pas l'air d'écouter ce que lui disait une dame de sa comgnie ; il paraissait absorbé dans ses pensées ; Alice n'aurait pu décider si elles lui étaient favorables; ce qu'il y avait de plus positif dans sa manière était de l'embarras.

Après un court intervalle, il se rapprocha d'elle et lui parla encore ; des questions mutuelles sur des sujets indifférens, dont ni l'un ni l'autre n'écoutaient la réponse, remplirent leur entretien. Alice fut convaincue que quelque chose l'occupait péniblement, et qu'il n'était pas à son aise. Lorsqu'ils étaient à Upercross et à Lyme, et que l'occasion de se parler ne pouvait s'éviter, il montrait beaucoup de calme et d'indifférence; à présent, il tâchait d'être de même, mais il n'y parvenait plus. Quelque nuance imperceptible pour tout autre prouvait à Alice qu'il était changé; mais comment? Elle n'aurait pu le dire; il ne paraissait pas avoir souffert; ni sa santé ni sa gaîté n'étaient altérées : il parla du ton le plus naturel d'Upercross, des Musgrove. En nommant Louisa, elle remarqua dans son regard, dans son demi-sourire, quelque chose qui n'était ni du dépit ni du chagrin; ce ne pouvait être du plaisir : il était visiblement embarrassé, mal à son aise. Ah! pensait Alice, c'est bien toujours lui, c'est Wentworth, incapable de feindre, malgré tous ses efforts, et de déguiser ses sentimens; il ne veut pas paraître blessé de l'inconstance de Louisa; mais son cœur souffre et le trahit.

Elle fut peinée, mais non surprise, en observant qu'Elisabeth n'avait pas l'air de le reconnaître ; il était si peu changé, que c'était impossible de s'y méprendre ; d'ailleurs, ils s'étaient jeté mutuellement un regard qui ne laissait pas le moindre doute ; elle vit, dans la physionomie de Wentworth, qu'il était prêt à saluer miss Elliot comme une ancienne connaissance, et dans celle de sa sœur le dédain le plus marqué ; elle se tourna d'un autre côté et ne fit plus la moindre attention au capitaine.

Le carrosse de lady Dalrymple, qu'elle attendait avec une extrême impatience, arriva enfin ; un laquais vint l'annoncer. La pluie avait recommencé ; miss Elisabeth parlait si haut à madame Clay, en lui disant de se presser pour ne pas faire attendre sa cousine la vicomtesse, qu'elle trouva ainsi le moyen d'apprendre à tous ceux qui étaient là que lady Dalrymple était sa cousine, et qu'elle venait la prendre dans son équipage ; mais ce qui affligeait un peu la fière beauté, c'est qu'elle n'avait aucun suivant pour lui donner la main : le cher cousin Elliot n'était pas revenu ; et, tout en grondant madame Clay de l'avoir envoyé ailleurs, elle s'appuya sur son bras, et s'avança vers la porte, accompagnée seulement du laquais de lady Dalrymple. Le capitaine Wentworth les laissa passer ; puis s'avançant vers

Alice, qu'il croyait être de la partie, il lui offrit son bras pour la conduire.

« Je vous suis très-obligée, lui dit-elle; je ne vais pas avec ma sœur; le carrosse ne pouvait nous contenir toutes trois, j'ai cédé ma place, préférant aller à pied.

— Mais il pleut.

— Oh! très-peu. D'ailleurs, j'attendrai... »

Après un moment de pause, il dit en riant: « Quoique je ne sois à Bath que depuis hier, je me suis déjà mis à la mode du pays. (Il montra à Alice un parapluie.) Je vous prie d'en faire usage, si vous êtes déterminée à aller à pied; cependant il serait plus prudent de me permettre d'aller vous chercher une chaise à porteurs. »

Elle le remercia encore, mais en refusant ses offres obligeantes, et répéta que la pluie était trop peu de chose. « Elle cessera peut-être dans un instant, ajouta-t-elle, et je dois attendre M. Elliot qui nous a accompagnées et qui va revenir bientôt. » Oh! combien elle aurait préféré le bras et le parapluie de Wentworth! Mais Alice avait toujours le sentiment des convenances, et son cousin Elliot, revenant et ne trouvant personne, aurait eu le droit d'en être blessé.

À peine Alice avait-elle achevé sa phrase, que M. Elliot parut : le capitaine Wentworth le reconnut à l'instant. Il n'y avait aucune différence entre l'homme qui entrait et celui qui descendait les marches de la rapide montée de Lyme, et qui s'arrêta pour les laisser passer, en admirant Alice; il était facile de retrouver la même expression sur sa physionomie en parlant à sa cousine, mais il s'y joignait de plus la douce familiarité d'un parent et d'un ami : il paraissait ne chercher et ne voir qu'elle seule. Il vint d'abord près d'elle, s'excusa d'être resté aussi long-temps, lui fit adroitement sentir que l'espoir de trouver le carrosse parti l'avait engagé à retarder son retour; il la remercia de l'avoir attendu, et la pressant de profiter d'un moment où la pluie avait diminué, il passa doucement le bras de sa cousine sur le sien et l'entraîna; elle put à peine jeter un doux et timide regard sur Wentworth et lui rendre son salut.

Aussitôt qu'ils furent hors de vue, les dames avec lesquelles Wentworth était entré parlèrent de miss Alice. « Son cousin paraît l'aimer? dit l'une d'elles en riant. — Elliot en est très-amoureux, reprit une autre, et sans être sorcier, on peut prédire ce qui va arriver; il est toujours avec elle, il vit dans la famille, et en fera bientôt doublement partie, rien n'est plus clair : c'est d'ailleurs un très-bel homme et on le dit fort aimable.

— Il est fort bien, reprit la première, et mon amie miss Atkinson, qui a dîné l'autre jour avec lui chez les Wallis, dit que c'est le plus agréable cavalier qu'elle ait jamais rencontré.

— Miss Alice ne sera pas mal partagée; elle le mérite ; elle est parfaitement aimable et bonne. — Elle est jolie aussi, et très-jolie, je vous assure ; examinez-la bien ; elle n'a ni le teint éclatant ni les traits réguliers de sa sœur, mais elle a tant de grâces, tant d'expression dans la physionomie, un regard si doux! Je sais que dans sa famille on parle peu d'Alice ; mais je déclare qu'elle me plaît beaucoup plus qu'Elisabeth. » Et à moi aussi, et à moi aussi, fut l'écho général : Wentworth seul gardait un profond silence.

« Il n'y a nulle comparaison, ajouta l'une des dames; mais la plupart des hommes préfèrent l'éclat à la délicatesse. Je suis bien aise que M. Elliot ait fait une exception; il en sera récompensé; miss Alice le rendra le plus heureux des maris. » On aurait pu alors entendre un soupir étouffé sortir de la poitrine de Wentworth ; mais il se détourna promptement, et l'on n'y fit nulle attention.

Alice, tout en cheminant à côté de son cousin, aurait bien voulu aussi être silencieuse ; elle lui aurait eu bien de l'obligation s'il l'avait menée jusque chez elle sans dire une parole. Quoiqu'il fût pour elle rempli de soins et d'attentions, et qu'il les poussât jusqu'à ne lui parler que de choses qui pouvaient lui être agréables ou sur lesquelles ils pensaient de même : éloge vif, distingué et juste de lady Russel ; insinuation contre madame Clay ; souvenir de Lyme, rien ne l'intéressa. Jamais elle n'avait trouvé qu'il fût si difficile d'écouter et de répondre ; elle ne pouvait penser à autre chose qu'au capitaine Wentworth, au changement qui s'était opéré en lui et qu'elle ne comprenait pas. Frederich avait en même temps l'air indifférent et occupé. Regrettait-il Louisa ? L'avait-il oubliée ? Jusqu'à ce que cette question fût décidée, elle ne pouvait être tranquille. Hélas ! Alice était déterminée à être sage, raisonnable, à éloigner toute illusion de sa pensée, toute fausse espérance, et dans ce moment elle était forcée de s'avouer à elle-même qu'elle était loin encore d'avoir autant de fermeté qu'elle l'avait résolu. Elle aurait voulu savoir si Wentworth ferait quelque séjour à Bath, ou s'il n'y venait qu'en passant. Frederich ne s'était pas expliqué à cet égard, mais il y avait toute apparence qu'il resterait chez sa sœur; dans ce cas, comme chacun à Bath se rencontre, lady Russel le verra sûrement : comment se conduira-t-elle avec lui ? Feindra-t-elle, comme Elisabeth, de ne pas le reconnaître ? Alice a bien assez de choses à penser pour désirer d'être seule.

Elle avait déjà été obligée de dire à lady Russel que Louisa Musgrove épousait le capitaine Bentick; la surprise de son amie ressembla à un désappointement; Wentworth n'avait pas été nommé; mais lorsque lady Russel le verrait à Bath, elle pourrait rapprocher ces deux idées, et penser que, rebuté par Louisa, il voulait renouer avec Alice, et l'orgueil de la fière lady, son extrême prévention pour sa protégée, se révolteraient à cette idée.

Le lendemain matin, elles firent ensemble leur promenade accoutumée en voiture : en traversant la ville, Alice s'attendait à rencontrer Wentworth, et le craignait et le désirait en même temps. Elle regarda pendant longtemps de tous côtés, et désespérait de le voir;

mais en entrant dans Pulteney-Street, elle l'aperçut du côté droit du pavé, qui était celui de lady Russel, quoiqu'il fût encore à une distance assez grande. Il y avait plusieurs hommes autour de lui : des groupes de promeneurs allaient et venaient ; mais sa belle figure se remarquait assez pour qu'on ne pût s'y tromper. Elle tourna involontairement la tête vers lady Russel, pour savoir si ses regards suivaient la même direction que les siens, quoiqu'elle ne pût supposer que lady Russel eût reconnu Wentworth aussitôt qu'elle, d'un bout de la rue à l'autre. Non, elle ne l'apercevrait sans doute que lorsqu'il serait en face. Alice calculait les tours de roue de la voiture et les pas de Wentworth, frémissant du moment où ils seraient sur la même ligne, où elle aurait à répondre aux questions de son amie, à lui avouer qu'elle l'avait déjà vu, à retrouver encore ses injustes préventions : ce moment approchait, le capitaine n'était plus qu'à quelques pas, et lady Russel, tournée vers la portière devant laquelle il devait passer, ne pouvait éviter de le voir ; elle semblait même le chercher : il lui eût été si facile de changer de position, de parler à Alice, de regarder du côté opposé ! Mais non, elle tournait presque le dos à sa compagne, et paraissait observer avec la plus grande attention ce qui se passait dans la rue.

Enfin, lady Russel se retourna ; sans aucun doute elle va parler de lui à Alice ; mais de quelle manière ? Le cœur de miss Elliot battait au point qu'elle ne savait comment elle pourrait répondre. « Vous devez être surprise, Alice, dit lady Russel, de ce que mes yeux ont été fixés sur ce côté de la rue ; je cherchais à voir des draperies de fenêtre dont lady Falkand n'a cessé de me parler hier au soir ; elle les a remarquées en passant ici ; mais elle n'a pu se rappeler le numéro de la maison : elle assure que ce sont les draperies les plus riches et les plus élégantes qu'elle ait vues à Bath, j'étais curieuse d'en juger ; mais quoique j'aie regardé avec soin toutes les fenêtres du côté qu'elle m'avait indiqué, je n'ai pas vu de draperies semblables à celles que m'a décrites lady Falkand. »

Alice bénit les draperies à l'aide desquelles Wentworth avait échappé aux regards de lady Russel ; mais pendant qu'elle observait son amie, elle avait manqué le moment de voir elle-même si Wentworth l'avait aperçue, et cela lui causa des regrets.

Un jour ou deux se passèrent sans qu'il arrivât rien d'intéressant. Le théâtre et le salon du rassemblement n'étaient pas du goût de sir Walter et de miss Elisabeth ; on y trouvait une société trop mélangée ; leurs amusemens du soir consistaient dans l'élégante, honorable et très-insipide compagnie de quelques vieilles ladys et d'une triste partie de wisk ; cependant sir Walter cédait quelquefois à l'envie de montrer en public sa belle figure et celle de sa fille Elisabeth lorsque quelque artiste renommé donnait un concert. Il en était arrivé un protégé par lady Dalrymple ; c'était une affaire de famille à laquelle il était impossible de manquer, et personne ne s'en réjouissait plus qu'Alice. Fatiguée de ne rien savoir, de ne pas même entendre prononcer le nom de l'homme auquel elle pensait sans cesse, d'habiter le même endroit que Wentworth, et de ne pas plus le voir que s'il eût été à cent lieues, elle attendait le jour du concert avec la plus vive impatience. On disait qu'il serait très-brillant. Le capitaine Wentworth aimait passionnément la bonne musique ; il y serait certainement : il lui semblait que si elle pouvait lui parler et l'entendre, ne fût-ce que quelques minutes, elle lirait dans son cœur, comme naguère elle y lisait. Elle avait été si troublée la première fois qu'elle l'avait vu, qu'il n'était point étonnant qu'elle n'eût pas découvert ses vrais sentimens sur le mariage de Louisa; mais à présent elle s'attend à le voir, et elle sent qu'elle aura le courage de l'aborder, de lui parler comme à un ancien ami. Elle s'était convaincue que lady Russel l'avait vu, et que l'histoire des draperies n'avait été qu'un prétexte pour ne pas parler de lui. Sir Walter, chez qui Wentworth allait tous les jours quand il faisait sa cour à Alice; Elisabeth, qui la raillait sans cesse de sa conquête et de son beau lieutenant, ne pouvaient, ne devaient pas l'avoir oublié au point de ne le pas saluer. L'indignation releva ses forces; elle se promit de réparer, par ses attentions amicales, les torts de sa famille envers une ancienne connaissance.

Le concert fut fixé au jour suivant; croyant que ce serait plus tard, Alice avait promis sa soirée à madame Smith; mais elle ne se fit aucun scrupule d'aller s'excuser auprès d'elle, et de lui promettre une longue visite le lendemain. Son amie y consentit de grand cœur, et lui dit qu'elle aurait été fâchée de la priver d'un plaisir : « J'aime mieux vous voir après le concert, ajouta-t-elle; vous me le raconterez; j'aime à savoir ce qui se passe dans le monde. Dites-moi d'abord avec qui vous allez. »

Alice l'en instruisit. Madame Smith ne répliqua rien; mais, en se séparant, elle dit avec une expression de tristesse : « Je désire de tout mon cœur que ce concert réponde à votre attente, et je n'en doute point. Ne manquez pas, chère Alice, de venir me voir demain; je ne sais, mais j'ai le pressentiment que désormais je n'aurai plus de visites de vous. »

Alice fut étonnée au point de ne savoir que répondre; elle resta un moment en silence, n'ayant pas le temps d'entrer en explication sur ce sujet : elle se contenta d'embrasser tendrement son amie, et fut rejoindre lady Russel, qui l'attendait dans sa voiture.

CHAPITRE VIII.

Sir Walter, ses deux filles et madame Clay furent les premiers dans la salle du concert; lady Dalrymple et miss Carteret devaient les suivre; en les attendant, ils s'établirent auprès de l'une des cheminées d'un salon octogone. A peine étaient-ils assis, que la porte s'ouvrit, et que le capitaine Wentworth entra seul : Alice était assez près de la porte; il passait à côté d'elle. Ainsi qu'elle en avait pris la résolution, elle lui fit une légère avance en lui parlant la première; ne voulant plus s'exposer aux dédains d'Elisabeth, il comptait aller plus loin, et saluer seulement Alice; mais lorsqu'il entendit sa douce voix lui dire du ton de l'amitié : « Bonjour, capitaine Wentworth ! comment se porte à présent mademoiselle votre sœur ? mieux, j'espère ? » Il n'hésita pas de s'approcher d'elle, de s'informer de sa santé, de lui parler de madame Croft; et l'entretien s'engagea en dépit du formidable père et de la fière sœur. Ils étaient, ainsi que leur compagne, autour du feu, et ne regardaient ou ne voyaient pas à qui Alice parlait; ce fut un grand soulagement pour elle; elle aurait horriblement souffert, si ses parens avaient regardé le capitaine sans le saluer.

Pendant qu'elle lui parlait, le nom de Wentworth, prononcé à demi-voix par Elisabeth à son père, frappa ses oreilles, et l'instant d'après elle vit le capitaine s'incliner en regardant du côté où était sir Walter; elle comprit que M. Elliot avait jugé convenable de faire apercevoir à Wentworth qu'il le reconnaissait, et elle vit Elisabeth incliner aussi sa tête très-légèrement. Quoique cette politesse fût tardive et peu gracieuse, elle fit plaisir à Alice, qui continua, de son côté, un entretien des plus insignifians; ils parlèrent de Bath, du concert; ensuite la conversation se ralentit à tel point, qu'Alice s'attendait à chaque minute que Wentworth allait la quitter; mais il n'en paraissait pas pressé, et s'il ne lui parlait point, il la regardait beaucoup. Un moment plus tard, il renoua l'entretien d'une manière plus intéressante. « Je m'estime heureux, miss Elliot, lui dit-il avec un sourire gracieux, de vous trouver ici; je n'ai pu m'entretenir avec vous depuis l'accident de Lyme: que vous avez dû souffrir de cet événement affreux! que de peines nous vous avons données! Je ne sais ce que nous serions devenus sans vous; mais, toujours bonne, secourable, vous n'avez vu que les dangers de Louisa; et, pour nous être utile, vous avez peut-être altéré votre santé.

— Non, répondit Alice; je fus, il est vrai, émue, affectée à l'excès; mais le rétablissement de miss Musgrove m'a ôté jusqu'au souvenir de mes fatigues.

— C'était un moment terrible! s'écria Wentworth avec feu, et qui ne s'effacera jamais de ma mémoire! Je vois encore cette jeune et charmante fille, victime de ma maladresse et de mon étourderie, étendue mourante sur le pavé! Ah Dieu! » Et il passa sa main sur ses yeux, comme si ce souvenir lui était trop pénible; mais bientôt après, il ajouta d'un ton plus calme : « Ce jour, cet événement si fâcheux en apparence, ont cependant un heureux résultat! Lorsque vous proposâtes à Bentick d'aller chercher le chirurgien, vous ne vous doutiez pas alors qu'il serait la personne la plus intéressée au rétablissement de Louisa?

— Non certainement; mais il paraît que..... Je veux dire que j'espère qu'ils seront heureux; ils ont tous deux de très-bons principes, un excellent caractère.

— Oui, dit-il en hésitant un peu; mais là finit la ressemblance. Je désire de toute mon âme qu'ils soient heureux, et je m'arrête avec plaisir sur les circonstances qui peuvent le faire espérer; ils n'auront eu du moins aucune difficulté, aucune inquiétude pour s'unir l'un à l'autre. Bentick est libre de disposer de lui-même, et les Harville lui sont trop attachés pour ne pas se réjouir de sa félicité : les Musgrove se sont conduits comme on pouvait l'attendre de leur bonté; ils n'ont mis aucune opposition, aucun délai; ils n'ont d'autre désir que d'assurer le bonheur de leur fille et du gendre qu'elle leur donne. De bons parens, un intérieur doux et paisible, voilà bien des choses en faveur de cette union, plus peut-être….. » Il s'arrêta : un souvenir sembla soudain le frapper, et lui donner un peu de l'émotion qui colorait doucement les joues d'Alice pendant qu'il parlait; après un instant de silence, il continua ainsi : « J'avoue que je ne puis m'empêcher de craindre qu'il n'y ait entre eux trop de différence, et dans un point bien essentiel, dans leur esprit. Je regarde Louisa Musgrove comme une aimable et bonne personne, qui ne manque pas d'intelligence; mais Bentick est bien au-dessus d'elle: il possède un esprit supérieur; il a beaucoup d'instruction, et il acquiert chaque jour par son goût naturel pour la bonne littérature. Je confesse que j'ai vu avec quelque surprise son amour pour Louisa; s'il avait été la suite de la reconnaissance; s'il avait appris à l'aimer, parce qu'il voyait qu'elle le préférait, je ne m'en étonnerais pas; mais je n'ai aucune raison de le supposer; il semble, au contraire, que la sympathie ait agi sur eux en même temps. Je comprends que Louisa, faible, malade, recevant des soins empressés d'un homme aimable, prévenant, sensible, ne pouvait garantir son cœur d'un attachement sincère; mais que Bentick, dans la situation où il était, le cœur brisé par une douleur vive et récente, soit devenu amoureux de Louisa, cela me surprend. Fanny Harville était une femme très-distinguée à tous égards, et l'attachement de Bentick pour elle était extrême, ainsi que son désespoir lorsqu'il la perdit. Peut-on s'attacher en si peu de temps à une femme si inférieure à celle qu'il devait regretter toute sa vie. Non, Bentick ne devait jamais l'oublier! Non, Louisa

Musgrove ne devait, ne pouvait jamais remplacer l'objet d'une première affection ! » Il se tut, et soupira profondément.

Que de choses cette phrase disait à Alice, et qu'elle eut de peine à cacher ce qui se passait en elle ! Mais personne ne faisait attention à Alice. La salle se remplissait ; on y entrait en foule ; le bruit des portes, des conversations était tel, qu'il ne fallait pas moins que le vif intérêt qu'elle prenait à ce que lui disait Wentworth pour qu'elle pût l'entendre, d'autant plus qu'il parlait bas, et que sa voix était assez altérée par son agitation ; mais elle n'avait pas perdu un seul mot. Il n'avait point aimé Louisa ; il croyait à la puissance d'un premier amour ; il ne comprenait ni l'inconstance ni le choix de Bentick. Alice respirait à peine en entendant ces consolantes paroles ; elle était à-la fois surprise, contente, confuse, et n'aurait pu définir aucune des sensations qu'elle éprouvait. Il lui eût été impossible de répondre à Wentworth. Elle n'était pas tout-à-fait de son avis, et ne voulait pas le contredire ; mais sentant qu'il fallait dire quelque chose, et ne voulant pas trop s'écarter du sujet, après un moment de silence, elle renoua l'entretien.

— Vous avez été long-temps à Lyme, depuis que vous nous amenâtes Henriette et moi à Upercross.

— O le triste, l'affreux voyage! Je n'étais plus à moi. Qu'il m'en coûtait d'aller annoncer à des parens la mort presque certaine d'une fille chérie, et de leur dire : C'est moi qui l'ai tuée! Tout autour de moi n'offrait que l'image du désespoir : vous seule, miss Elliot, aviez conservé un peu de calme et de raison. Il m'eût été impossible d'exister autre part qu'à Lyme jusqu'au rétablissement de Louisa; j'avais été l'auteur de ce sinistre événement, et tant que je craignais pour sa vie, pouvais-je être en paix avec moi-même? Louisa n'aurait point été si inconséquente, si obstinée, si je n'avais été si faible; peut-être aussi qu'avec plus d'adresse et de précautions j'aurais empêché cet accident.... Elle se rétablit enfin, et je pus encore jouir de la vie. Les environs de Lyme sont fort beaux; je me promenais beaucoup. Plus je voyais ce pays, plus je l'admirais. La nature y déploie à-la-fois ce qu'elle a de plus sublime et de plus gracieux.

— J'aimerais beaucoup à retourner à Lyme, dit Alice.

— En vérité? reprit vivement Wentworth; je pensais, au contraire, que vous aviez pris cette ville en horreur. L'événement cruel dont vous fûtes témoin, l'embarras, le chagrin, les peines qu'il vous causa... Il me semblait, miss Elliot, que la dernière impression que vous reçûtes à Lyme devait vous empêcher de songer à le revoir.

—Les momens qui précédèrent mon départ furent certainement terribles, dit Alice ; mais quand la peine est passée, son souvenir même devient quelquefois un plaisir. On aime encore parfois un lieu où l'on a beaucoup souffert, à moins que tout n'y ait été que souffrance ; mais si quelque bonheur a précédé ou suivi les chagrins.... Et n'est-ce pas ce qui nous est arrivé à Lyme ? Nous y avons eu, il est vrai, beaucoup d'anxiété, de tourmens, de regrets pendant les deux dernières heures que nous y avons passées ; mais avant ce cruel moment, nous avions eu de bien douces jouissances, que nous ne pouvons oublier. Une scène si belle et si nouvelle ! J'ai si peu voyagé, que chaque contrée m'aurait peut-être paru intéressante ; mais il y a des beautés réelles dans la situation de Lyme qui m'ont extrêmement frappée ; et à présent que..., qu'au malheur qui troubla cette partie a succédé le bonheur...; il ne m'en reste qu'une impression agréable. »

Elle fut interrompue par le bruit d'une porte qui s'ouvrit avec fracas; le nom de lady Dalrymple fut répété de toutes parts. Sir Walter et ses deux filles furent au-devant de l'illustre parente. Lady Dalrymple et miss Carteret, escortées par M. Elliot et le colonel Wallis, s'avancèrent dans la salle et rencontrèrent la famille Elliot. Alice se trouva enveloppée dans ce groupe, et fut ainsi séparée du capitaine Wentworth; leur intéressante conversation fut suspendue; mais quelle impression de bonheur elle avait laissée dans le cœur d'Alice! Elle avait lu dans celui de Wentworth plus qu'elle n'aurait cru possible d'y lire encore; elle savait à présent qu'il n'aimait pas Louisa, qu'il ne l'avait jamais aimée, et cette douce persuasion a déjà allégé le poids qui l'oppressait : elle n'était pas allée plus loin dans ses découvertes, ou du moins elle ne se l'avouait pas encore; mais elle en savait assez pour n'être plus péniblement agitée. La timide et triste Alice est à présent causeuse, aimable; elle voit tout sous un nouveau jour; il lui semble que chacun l'aime, puisque Frederich peut l'aimer encore; elle est polie, bonne avec ceux qui l'entourent, et plaint ceux qui ne sont pas aussi heureux qu'elle : son bonheur aurait été complet si Wentworth était resté près d'elle, s'il avait cherché à la rejoindre.

Quand chacun eut pris sa place, ses yeux se tournèrent de tous les côtés, point de Wentworth; il était loin; il avait disparu; mais à force de le chercher, elle l'aperçut entrer dans la salle du concert, et fut presque aussi contente de le savoir encore sous le même toit que s'il avait été à côté d'elle; le hasard ou sa volonté peut encore les réunir, et à présent peut-être vaut-il mieux qu'elle soit seule, qu'elle parvienne à se calmer, à ne pas trop se livrer à l'espérance. Il n'aime pas Louisa, mais aime-t-il Alice? Elle n'osait le croire, puisqu'il s'éloignait d'elle. Alice sentait au fond de son cœur que, si la bienséance et la modestie de son sexe ne s'y étaient opposées, elle serait allée auprès de lui; mais sans doute les parens de la famille Elliot entreront aussi dans la salle; elle en guettait et désirait le moment. Ils attendaient pour se rendre au concert lady Russel, qui manquait encore à leur partie. On aurait dit qu'elle devinait ce qui attirait son Alice dans cette salle. Elle parut enfin, suivie des nobles cousins et cousines des Elliot. Lady Dalrymple, miss Carteret et leur compagnie, se mirent en marche pour se placer avantageusement.

Alice ne désirait que le bout du banc, pour que Wentworth pût s'approcher; sa sœur Élisabeth était au moins aussi heureuse qu'elle, appuyée sur le bras de miss Carteret, suivant immédiatement lady Dalrymple; elle marchait majestueusement, persuadée que tous les regards étaient fixés sur elle pour l'admirer. Alice ne demandait qu'un seul regard, qui aurait été pour elle d'un bien autre prix que les hommages adressés à sa sœur; mais pourquoi les comparer? L'une était toute vanité, et l'autre tout sentiment.

On entra dans une salle magnifiquement décorée et éblouissante de lumière; Alice s'en aperçut à peine, et ses yeux cherchèrent encore celui qui l'occupait uniquement. Jamais elle n'avait été si belle que ce jour-là; son teint était animé, ses joues avaient le plus doux coloris; elle ne s'en doutait pas, et n'était occupée que de son dernier entretien avec Wentworth; elle repassait dans son esprit tout ce qu'il avait dit, se rappelait ses phrases interrompues, ses soupirs étouffés à demi, et l'expression de ses regards, qu'elle connaissait si bien; tout lui prouve que le cœur de son Frederich est disposé à reprendre ses premiers liens : fierté blessée, colère, ressentiment, soin de l'éviter, froideur, silence, tout a disparu ; et ce qui a succédé à ces pénibles sentimens est plus que de l'amitié, plus qu'un simple souvenir du passé ; c'est presque le passé lui-même. Un changement si subit, si total, ne pouvait avoir une autre cause ; il est sur le point d'aimer encore celle qu'il aima si passionnément, et qu'il retrouve toujours la même. Ces pensées, cet espoir, l'occupaient trop pour être capable de rien observer : elle traversa la salle sans avoir aperçu Wentworth, sans l'avoir même cherché des yeux ; absent, elle le voyait tel qu'elle voulait qu'il fût, et cela lui suffisait. Cependant, quand elle fut placée, elle ne put s'empêcher de regarder autour d'elle, et jusque dans les parties les plus reculées de la grande salle ; mais il n'y était pas. Le concert commença, et point de Wentworth ; il fallut se contenter de penser à lui et se trouver heureuse ; cependant il y avait un degré de moins de bonheur et de confiance.

Leur société était divisée sur deux bancs contigus : Alice était sur celui en avant ; elle l'avait préféré, parce qu'il y avait au bout une place à côté d'elle, et qu'elle espérait que Wentworth viendrait l'occuper ; elle regardait encore si elle ne l'apercevait point, lorsque

M. Elliot ayant fait passer son ami, le colonel Wallis, au premier banc, entre Elisabeth et miss Carteret, se hâta de prendre place à côté de sa cousine Alice. Si le capitaine Wentworth avait été là, Alice ne se serait pas consolée de voir un autre que lui à cette place; mais il n'y était pas, et elle aurait pu être remplie par quelqu'un qui serait resté là toute la soirée ; elle est persuadée que sa sœur ou madame Clay ne sera pas long-temps sans obliger, par quelques demandes indiscrètes, M. Elliot à s'éloigner; et qui sait alors ce qui pourra arriver?... Le capitaine Wentworth aime passionnément la musique; sans doute.... Elle n'ose achever sa pensée; mais elle fait place à son cousin, en espérant qu'il ne serait pas long-temps près d'elle. Le concert commença; Alice était dans les dispositions les plus favorables pour jouir de ce plaisir; elle avait de la sensibilité pour l'adagio, de la gaîté pour l'allegretto, de l'attention pour le chromatique, et de la patience pour l'ennuyeux ; jamais un concert ne lui avait fait plus de plaisir, au moins la première partie. M. Elliot avait un programme, et comme Alice savait très-bien l'italien, et qu'il ne le connaissait pas, dans les intervalles il la priait de lui traduire les paroles des airs que le virtuoso chantait ; elle s'y prêtait avec sa complaisance accoutumée.

« Voilà le sens des paroles, disait-elle, ou plutôt le sujet du morceau de chant ; car il y a peu de sens dans les chansons italiennes, et la musique seule en fait le charme ; mais c'est là l'intention de l'auteur, comme je puis vous la rendre ; car je n'ai pas la prétention de comprendre parfaitement la poésie italienne, je ne suis encore qu'une écolière.

—Oui, reprit M. Elliot avec ironie, oui, je vois que vous ne la connaissez pas ; vous pouvez seulement traduire à la première vue, et rendre chaque vers italien en vers anglais plus précis, plus élégant que celui de l'original. Vous n'avez pas besoin, mon aimable cousine, de vous vanter de votre ignorance ; en voilà la plus grande preuve.—Vous me jugez trop favorablement, M. Elliot, et vous changeriez de façon de penser, si vous entendiez l'italien mieux que votre cousine ; mon habileté se réduirait alors à peu de chose ; mais, heureusement pour moi, vous ignorez cette langue.

— Je n'ignore pas, du moins, vos perfections, chère cousine, dit-il avec feu : je n'ai pas été constamment chez sir Walter Elliot sans découvrir, sans apprécier les vertus et les talens d'Alice; je ne lui connais qu'un seul défaut, c'est d'être trop modeste sur son mérite; il est impossible qu'elle l'ignore; toute autre femme qu'elle en serait vaine. Lorsqu'on est accomplie en tout point comme vous l'êtes, l'excès de modestie n'est pas naturel, et...

— Assez, assez, dit Alice en rougissant; une de mes perfections est de détester la flatterie; vous ne me connaissez pas depuis assez long-temps pour juger ni mes qualités ni mes défauts; il vaut mieux traduire le nouveau morceau qu'on va chanter que de continuer cet entretien. » Elle feuilleta le programme pour le chercher.

« Peut-être, dit M. Elliot en baissant la voix, ai-je le bonheur de vous connaître mieux que vous ne le pensez, et cela date de plus loin que vous ne pourriez le croire.

— En vérité, dit Alice vivement, vous m'étonnez beaucoup; vous ne pouvez me connaître que depuis que je suis à Bath, à moins que vous n'ayez pris auparavant des informations de vos parens, et je doute fort que ce fût alors de moi qu'on vous eût parlé.

— C'est de vous et de vous seule; j'ai

connu votre caractère, vos talens, votre personne, vous enfin, bien long-temps avant que je vinsse à Bath. Ce portrait, Alice, m'a été fait par une personne qui vous connaissait très-intimement, qui vous a beaucoup aimée, avant que des circonstances que je ne vous rappellerai pas l'aient séparée de vous. On vous rendait encore toute la justice que vous méritez. Jamais vraiment, me disait-on, il n'a existé créature plus aimable sous tous les rapports ; loin de tirer vanité de sa figure, de ses talens, de sa naissance, on dirait qu'elle ignore tous ses avantages ; et le caractère le plus parfait, la sensibilité la plus douce et la plus active, se joignent à ses agrémens pour faire d'Alice Elliot un être adorable. Voilà ce que j'ai entendu, et ce qui se grava dans mon cœur : direz-vous encore que je ne vous connais pas ? ».

Il avait parlé si vivement, qu'Alice n'avait pu lui répondre, ni interrompre un éloge qui excitait à-la-fois sa confusion et sa curiosité. Qui dans le monde avait pu la voir sous un point de vue aussi favorable ? Tout ce qu'elle venait d'entendre lui paraissait si exagéré, qu'il fallait qu'une prévention extraordinaire eût dicté un portrait aussi flatté. Ce ne pouvait être lady Russel, qui ne connaissait point M. Elliot avant qu'il vint à Bath; ce pinceau n'est-il pas celui de l'amour plutôt que de l'amitié? L'idée de Wentworth se présenta à sa pensée; mais il ne connaissait pas plus que lady Russel M. Elliot. Celui-ci ne s'était pas trompé lorsqu'il avait espéré exciter l'intérêt de sa cousine; il l'était au plus haut degré, ainsi que sa curiosité; elle le questionna, le conjura de lui nommer la personne qui avait parlé d'elle d'une manière aussi obligeante : ce fut en vain. M. Elliot était enchanté d'être vivement pressé; mais il s'obstina à ne pas répondre. « Je suis bien aise, lui disait-il en riant, de voir que vous n'êtes pas un être idéal, et que vous tenez de la nature des femmes par la curiosité.

—Oui, je l'avoue; mais c'est une folie de croire qu'on vous ait parlé de moi si favorablement; je vois maintenant, vous avez pris ce détour pour me débiter vos incroyables flatteries.

—Vous me jugez mal, ma cousine, reprit vivement M. Elliot; je suis aussi incapable de vous tromper que de vous flatter; je vous jure, sur ma parole d'honneur, que quelqu'un qui vous connaît très-bien vous a dépeinte telle que je viens de le dire, et plus parfaite encore. Ce portrait, d'ailleurs fort ressemblant, m'avait inspiré une haute idée de votre mérite, et un vif désir de vous connaître. »

Il s'arrêta un moment. Alice, les yeux baissés, ne répondait rien ; mais la douce teinte de ses joues trahissait son émotion : une idée rapide avait agité son esprit pendant que M. Elliot lui parlait ; ce n'était pas le capitaine Wentworth, qui ne s'était jamais rencontré avec son cousin ; mais ce ne pouvait être que son frère, Edouard Wentworth, curé de Montfort, qui la connaissait et la voyait avec les yeux de l'amoureux Frederich. Oui, ouï, c'est lui-même, pensait-elle ; mais elle ne put prendre sur elle de le demander.

Son cousin reprit la parole. « Oui, le nom d'Alice Elliot est, depuis bien des années, gravé dans mon cœur ; c'était un charme jeté sur mon imagination, il m'occupait sans cesse ; enfin je connais celle qui le porte : me permettra-t-elle de lui exprimer mes vœux pour que ce nom soit toujours le sien ? » Il parlait bas ; Alice entendit à peine un aveu si positif et auquel elle n'aurait su que répondre ; son attention était, dans ce moment, captivée par d'autres paroles qu'elle entendait derrière elle, et qui lui rendaient celles de son cousin très-indifférentes.

Son père et lady Dalrymple causaient ensemble: sir Walter disait :

« C'est une superbe figure; vraiment, c'est un très-bel homme.

— Oui, répondit lady Dalrymple; on n'en voit pas souvent à Bath de cette tournure ; c'est, je crois, un Irlandais.

— Non, non, reprit sir Walter ; il est Anglais; il y a de belles figures aussi en Angleterre; je puis vous dire son nom, je l'ai connu il y a quelques années; mais il a singulièrement changé à son avantage : c'est étonnant; les années et sa profession auraient dû produire l'effet contraire. — Mais son nom ? dit avec impatience lady Dalrymple. — Wentworth, le capitaine de vaisseau. J'ai vu sur les papiers qu'il s'était distingué. Sa sœur est la femme de l'amiral Croft, qui a loué Kellinch-Hall.»

Alice aurait pu répondre avant son père ; son cœur lui avait nommé l'homme dont la figure le frappait, et ses yeux le lui confirmèrent ; elle suivit ceux de sir Walter, et vit le capitaine Wentworth au milieu d'un groupe d'hommes à quelque distance : il sembla détourner ses regards, et aussi long-temps qu'elle osa l'observer, il ne les porta pas de son côté.

« Je l'ai aperçu un moment trop tard, peusait-elle ; certainement quand mon père et la vicomtesse admiraient sa figure, il était tourné de ce côté-ci. » Le concert continua ; elle fut obligée d'avoir l'air d'écouter et de regarder les musiciens ; cependant elle tourna encore la tête du côté de Wentworth ; il n'y était plus ; peut-être cherche-t-il à s'approcher d'elle ; mais comment y parvenir? Elle était entourée, enfermée. Que n'aurait-elle pas donné pour être à la place de M. Elliot, et pour que son cousin fût bien loin de là! Elle n'écoutait plus ce qu'il lui disait ; elle ne lui parlait pas, et son éloge et sa curiosité étaient à présent loin de sa pensée ; elle aurait préféré un seul regard de Wentworth à tout ce que son frère avait dit à M. Elliot.

Le concert fut interrompu quelques instans. Il y eut du mouvement dans la salle ; on sortit, on rentra. Alice espérait que Wentworth pourrait se rapprocher d'elle ; mais M. Elliot était cloué à sa place, et ni sa sœur ni madame Clay ne trouvaient l'occasion de le déranger. Enfin elle entendit lady Dalrymple proposer d'aller boire du thé dans l'autre salle, et sa sœur appeler M. Elliot pour les accompagner. Alice aurait bien voulu en être dispensée, et rester à sa place ; mais comment, sous quel prétexte se séparer de la société? Heureusement que lady Russel eut aussi la même fantaisie, et qu'il était tout simple que son amie Alice restât avec elle, bien décidée, si Wentworth s'approchait de leur banc, d'entrer en conversation avec lui comme si lady Russel n'y était pas. Ce n'est plus la jeune fille de dix-neuf ans, craintive et soumise, n'osant braver les injustes préventions de son amie et leur sacrifiant son bonheur. Alice avait souffert trop long-temps de sa faiblesse et de sa docilité pour ne pas avoir maintenant du courage et de la fermeté, si ce bonheur qu'elle a rejeté vient s'offrir encore. Miss Elliot était convaincue qu'elle trouverait la même opposition chez lady Russel à son union avec Wentworth. Elle affectait d'ignorer qu'il fût à Bath; quoiqu'elle l'y eût aperçu. Alice, mécontente de cette fausseté, était résolue, si Wentworth s'approchait, à le présenter à lady Russel comme un ancien ami qu'elle était charmée de revoir. Hélas! elle n'en eut pas l'occasion; Wentworth ne parut point; Alice crut l'apercevoir deux ou trois fois assez loin, mais il n'approcha pas. Le concert allait continuer, et son attente était déçue; l'absence de ses parens, la place vide à côté d'elle, sa courageuse résolution, tout avait été inutile, et de moment en moment son espoir s'évanouissait. Son propre cœur l'avait trompée; et Wentworth, en l'abordant, en lui parlant dans la salle octogone, n'a cédé qu'à la politesse naturelle chez un homme bien élevé; elle lui avait parlé la première, il n'avait pu faire autrement que de lui répondre: mais son jugement sur Louisa, mais son opinion sur Bentick! C'était peut-être le dépit qui l'avait fait parler ainsi; rabaisser la femme qui l'abandonne, blâmer celui qui la lui enlève! Son émotion, ses réticences, tout ce qui avait ranimé ses espérances les anéantit actuellement; elle ne comprend plus qu'elle ait pu s'y méprendre, et retombe dans un abattement plus grand encore après sa courte illusion de bonheur.

Le prélude se faisait entendre; la salle se remplissait de nouveau; les bancs vides étaient réclamés, et une autre heure de plaisir ou de peine devait s'écouler; la musique allait enchanter trois ou quatre connaisseurs, faire passer le temps à la plupart des spectateurs, ennuyer ou fatiguer les autres, et pour Alice être un siècle d'agitation et de douleur. Elle ne pouvait quitter cette chambre sans avoir parlé encore une fois au capitaine Wentworth, ou échangé un regard amical; elle peut encore du moins retrouver son amitié. Ah! que ce mot lui paraissait faible après ce qu'elle avait espéré!

En rentrant dans la salle, il s'opéra plusieurs changemens de place, et le résultat lui fut favorable. Le colonel Wallis ne voulut point s'asseoir, et M. Elliot fut invité par miss Elisabeth et madame Clay, de manière à n'être pas refusées, à se mettre entre elles. Il y eut encore quelques changemens sur le banc où était Alice, et avec un peu d'adresse elle céda sa place, qui était au milieu, à une dame, et se trouva, comme elle le désirait, tout-à-fait au bout du banc. Elle ne pouvait s'empêcher d'avoir un peu de honte d'elle-même, de se donner tant de peine pour rapprocher d'elle un homme qui ne paraissait pas en avoir la moindre envie. Tout le monde était placé; il y avait près d'Alice un grand espace vide; il n'aurait tenu qu'à lui d'y venir; elle le voyait debout assez près d'elle; elle s'aperçut qu'il la voyait aussi. Wentworth avait l'air très-sérieux et ne parlait à personne; il semblait irrésolu sur ce qu'il devait faire. Alice détourna ses regards; peu à peu cependant Wentworth avançait, et tout d'un coup, en se retournant, elle le vit à côté d'elle, mais toujours grave et silencieux. Il lui dit quelques mots insignifians, et rien de plus. Un changement total frappait Alice. Frederich n'était plus cet homme qui, dans la chambre octogone, lui parlait avec tant de feu, d'intérêt, de bonté : sûrement cette différence si subite avait une cause ; mais quelle était-elle ? Alice pensa à son père ; cependant elle l'avait entendu parler de Wentworth avec éloge : serait-ce lady Russel ? Non, elle feignait d'ignorer qu'il était là. Alice était perdue dans ses pensées ; affligée de se retrouver à peu près comme à Upercross, elle ne parlait pas non plus ; enfin elle essaya de lui dire qu'il ne paraissait pas content du concert.

« Non, non, dit-il d'un ton très-grave ; il n'a point répondu à mon attente ; j'avais espéré mieux, beaucoup mieux, et je suis impatient qu'il soit fini. »

Alice fut surprise ; elle avait été fort satisfaite du chanteur italien ; elle prit sa défense assez vivement, cita les morceaux qui lui avaient plu davantage, et parla en amateur de la bonne musique. Il sourit à demi, avec une expression singulière. « Vraiment, dit-il, vous avez écouté la musique avec une attention qui m'étonne ; je ne croyais pas que vous eussiez entendu une seule note. — Et pourquoi pensez-vous cela ? répondit-elle avec surprise. J'aime la musique, et quand je viens au concert, c'est pour écouter. »

Wentworth allait répliquer quand une main, du banc derrière elle, touchant légèrement son épaule, l'obligea de se retourner ; c'était M. Elliot ; il la pria de lui pardonner, et de vouloir bien expliquer les paroles italiennes qu'on allait chanter : miss Carteret désirait avoir une idée générale de ce qu'on chantait, et le lui demandait en grâce ; pouvait-elle refuser ? On lui passa le livret ; miss Carteret s'avança pour entendre ; Alice était au supplice, jamais un sacrifice à la politesse ne lui avait tant coûté.

Combien de minutes perdues sans oser seulement tourner la tête pour voir si on était toujours là ! On peut croire que cette fois la traduction ne fut pas très-fidèle ; Alice l'abrége, se retourne, et voit encore Wentworth à la même place ; mais il a repris toute sa réserve, toute sa froideur, et la salue en lui souhaitant le bonsoir avec un ton très-sec.

« Vous partez ? dit Alice ; l'air de la finale est superbe ; c'est le chef-d'œuvre de Cimarosa ;

restez, il vous raccommodera avec le concert.

— Non, rien ne peut me le faire trouver supportable, répondit-il avec une expression de mécontentement très-marqué ; le plus tôt que je partirai sera le mieux. » Et il s'en alla brusquement.

Alice le suivait des yeux, et son cœur palpitait de la plus douce joie, un seul mot expliquait sa conduite de cette soirée ; et ce mot, Alice l'a deviné ; il est jaloux de M. Elliot : c'est là le seul motif de sa mauvaise humeur, de son départ, de ce qu'il vient de dire. Wentworth jaloux de son affection ! l'aurait-elle pu croire il y avait quelques heures ? Maintenant elle en est persuadée. Pendant quelques momens, son bonheur fut parfait. Il m'aime, il aime encore son Alice, était-elle près de répéter à haute voix ; mais, hélas ! d'autres pensées vinrent diminuer sa joie. Comment pourra-t-elle le tranquilliser et dissiper cette injuste jalousie ? comment lui faire connaître la vérité ? comment, avec tout le désavantage de leurs situations respectives, pourra-t-il jamais apprendre qu'il est aimé ? Elle ne pouvait le rencontrer que par hasard en public, et dans ces occasions son cousin Elliot était toujours avec elle ; elle ne pensait plus à lui, à ses attentions qu'avec terreur, et son malheur lui paraissait irremédiable. Elle quitta le salon moitié contente, moitié désolée, adorant Wentworth, haïssant presque M. Elliot, et se reprochant ces deux sentimens.

CHAPITRE IX.

Alice dormit peu, et se rappela avec plaisir, en se levant, sa promesse d'aller passer la matinée chez madame Smith : c'était un moyen d'éviter la visite accoutumée de M. Elliot; ne pas le rencontrer était à présent son premier soin, mais cependant elle avait surmonté le mouvement de haine qu'elle avait cru sentir au premier moment, et lui rendait plus de justice : pouvait-elle lui en vouloir de ses attentions pour elle et de son amour? Elle sentait trop elle-même que l'amour ne dépend pas de la volonté, ni de la réciprocité, pour ne pas plaindre son cousin s'il en avait pour elle, et ne pas être reconnaissante de sa préférence. Tout semblait favoriser ses intentions; il était son parent; sir Walter Elliot le recevait avec affection, il était protégé hautement par lady Russel. La manière dont ils avaient fait connaissance, en se plaisant l'un à l'autre à la première vue, pouvait ressembler à la sympathie, elle-même avait plutôt encouragé les sentimens de son cousin qu'elle ne l'avait rebuté : dans le temps où elle désirait sincèrement se guérir de sa fatale passion pour l'époux supposé de Louisa Musgrove, elle avait cherché alors à s'attacher à M. Elliot, dont elle avait reçu les soins sans répugnance et même avec douceur. Tout donnait donc à M. Elliot le droit de l'aimer; il n'avait contre lui que le capitaine Wentworth. Alice ne se demanda pas à elle-même ce qu'elle aurait senti, ce qu'elle aurait fait, si Wentworth n'avait pas existé. Cette recherche était bien inutile; Frederich était là, ses affections n'auront jamais d'autre objet; leur union ou leur séparation produirait le même effet, celui de n'avoir jamais d'autre attachement ni d'autre époux.

Voilà quel était le sujet de ses rêveries en cheminant lentement de Camben-Place à Westgate-Buildings; elle était sûre d'une réception amicale; mais son amie parut sentir plus vivement encore qu'à l'ordinaire le plaisir de la voir; elle la remercia d'être venue comme si elle ne l'avait pas espéré. Madame Smith la fit asseoir à côté d'elle, et lui demanda des nouvelles du concert. Alice ne demandait pas mieux que d'en parler; le souvenir de ce jour de bonheur suffisait pour animer ses récits. Sans dire un mot de ce qui la regardait directement, elle dit à son amie qu'elle avait été très-contente de la musique et de l'exécution. Son récit se borna presque à cela; mais ce n'était pas le compte de la curieuse invalide; elle voulait tout savoir; les spectateurs l'intéressaient plus que les acteurs; elle entassait questions sur questions. Quoiqu'elle ne sortît jamais de chez elle, et qu'elle ne vît qu'Alice et sa bonne garde Rooke, elle connaissait tous les gens marquans à Bath, au moins de nom.

« Les petites Darand étaient là, je suppose, dit-elle, et avaient, selon leur habitude, la bouche ouverte comme si elles voulaient avaler les notes, battant la mesure avec la tête, et ressemblant à deux petits moineaux qui attendent la becquée : oh! elles y étaient sûrement; elles ne manquent aucun concert.

— Je ne les ai point vues, dit Alice en riant, et je ne puis juger de la ressemblance ; mais j'ai entendu dire à M. Elliot qu'elles y étaient.

— Et les Ibotsons étaient-elles là? Et les deux nouvelles beautés, avec le grand officier irlandais qui fait la cour à l'une d'elles? J'ai oublié leur nom.

— Je ne vous le dirai pas.

— Et qu'avez-vous donc regardé, chère

Alice ? Et la vieille lady Mary-Macléan ? Oh ! pour celle-là je n'ai pas besoin de le demander, elle ne manque aucune occasion de se montrer, et certainement vous l'avez vue ! Elle doit avoir été de votre société près de lady Dalrymple. Vous étiez dans le cercle des grandeurs, sans doute au premier rang derrière l'orchestre ?

— Non ; cette place, où l'on est trop en vue, m'eût été fort désagréable à tous égards ; heureusement lady Dalrymple a préféré être plus loin ; nous étions parfaitement bien placées pour entendre, je ne dirai pas pour voir, puisqu'il paraît que je n'ai presque rien vu.

— Oh ! vous avez assez vu pour vous ; je le comprends ; il y a une espèce de jouissance secrète qu'on trouve même au milieu de la foule, et celle-là ne vous a pas manqué ; votre société vous suffisait.

— Mais non, dit Alice, je me reproche au contraire de ne m'être pas assez occupée de ma société. (Elle savait, dans sa conscience, qu'elle avait beaucoup regardé dans le salon ; mais c'était un seul objet, et non pas ceux dont son amie s'informait.)

— Non, non, reprit madame Smith ; toute cette foule vous était très-indifférente ; vous n'avez pas besoin de me parler du charme de votre soirée, je le vois dans vos yeux ; je vois parfaitement que les heures se sont écoulées délicieusement ; vous aviez toujours quelque chose de très-agréable à écouter : d'abord la musique, et dans les intervalles la conversation, n'est-il pas vrai ?

Alice sourit. « Voyez-vous aussi cela dans mes yeux ? dit-elle à son amie.

— Oui, oui, je le vois ; ils me parlent un langage très-clair ces jolis yeux ; ils me disent que vous passâtes hier votre soirée au moins en grande partie avec la personne qui vous plaît et vous intéresse le plus au monde ; n'est-il pas vrai ? »

Alice rougit, et ne put rien répondre.

Madame Smith lui frappa doucement sur la joue. « Elles me parlent aussi comme vos yeux, chère Alice, lui dit-elle en souriant ; puis, après une courte pause, elle ajouta : J'espère que vous comprenez à présent ? Combien j'apprécie votre visite de ce matin ! Il est vraiment charmant à vous de n'avoir pas oublié votre pauvre amie quand vous aviez tant de choses à penser, et de lui donner des momens qui pouvaient être plus agréablement remplis ! »

Alice l'entendit à peine ; elle était dans l'étonnement et dans la confusion de la pénétration de son amie, ne pouvant imaginer comment elle pouvait savoir quelque chose de Wentworth et des sentimens qu'elle lui avait conservés ; lui seul, dans ce moment, se présentait à son idée. Souvent elle avait été tentée d'ouvrir son cœur à madame Smith ; mais elles avaient été séparées si long-temps, il fallait revenir de si loin, et leur intimité interrompue pendant tant d'années n'était pas encore assez renouée pour oser lui faire l'aveu d'un sentiment qui n'était plus partagé ; mais comment le connaissait-elle ? Après un court silence, madame Smith reprit la parole. « Dites-moi, chère Alice, je vous en prie, si M. Elliot sait quelque chose de nos relations. Sait-il que je suis à Bath ?

— M. Elliot ! » répéta Alice avec surprise. Un moment de réflexion lui montra son erreur, en croyant que son amie avait parlé de Wentworth ; elle respira, son secret n'était encore connu que d'elle seule ; et, reprenant alors son courage et toute sa présence d'esprit, elle ajouta avec beaucoup de calme : «Est-ce que vous connaissez M. Elliot ?

— Je l'ai beaucoup connu autrefois, répliqua madame Smith gravement ; mais je crois qu'il m'a oubliée, il y a long-temps que nous ne nous sommes vus.

— Je ne m'en doutais pas, dit Alice; vous ne m'en avez jamais parlé; si j'avais su cela, j'aurais eu le plaisir de parler de vous avec lui.

— Pour confesser la vérité, dit madame Smith en reprenant son ton de gaîté accoutumé, c'est précisément là le plaisir que je veux vous procurer; je vous prie de parler de moi à M. Elliot, d'employer toute votre influence sur lui; il peut me rendre un service essentiel, et si vous avez la bonté, chère Alice, de le lui demander comme pour vous, je l'obtiendrai sûrement.

— J'en serai moi-même parfaitement heureuse, répliqua Alice; j'espère que vous ne doutez pas de ma bonne volonté, de mon désir de vous obliger en quoi que ce soit; mais je vois que vous me regardez comme ayant quelque droit ou quelque pouvoir sur M. Elliot, et je vous assure que vous êtes dans l'erreur; M. Elliot est mon parent, et comme tel me témoigne de l'amitié, et voilà tout; si sous ce rapport vous croyez que je puisse vous être utile, et que sa cousine ait quelque crédit sur lui, je vous supplie de ne point hésiter à m'employer, sans pourtant que je sois assurée du succès. »

Madame Smith la regarda fixement, comme

si elle voulait lire dans son âme; puis elle sourit avec finesse, et lui dit : « Je me suis trop hâtée, à ce que je vois, de vous adresser ma requête, je vous en demande excuse; je devais attendre la communication officielle... Mais à présent, chère miss Elliot, puisque vous voyez que je sais tout, dites-moi à l'oreille, comme à une ancienne amie, quand je pourrai vous parler; sera-ce la semaine prochaine? Oh! bien sûrement; la cour a été assez longue, et je pense que dans huit jours tout sera conclu; je bâtirai ma bonne fortune sur celle de M. Elliot.

— Non, non, répliqua Alice en secouant vivement la tête, ni la semaine prochaine ni les suivantes; ce que vous pensez n'arrivera pas; je n'épouserai jamais M. Elliot; mais dites-moi ce qui vous a fait présumer que cela pouvait être.

Madame Smith la regarda en secouant malicieusement la tête, et lui dit : « Vous ne voulez pas en convenir; mais quand le moment viendra de dire *oui*, vous le direz mieux encore que vous ne dites à présent *non*, *non* : c'est l'usage. Nous autres femmes, nous disons *non* du bout des lèvres quand il est question de mariage, et *oui* du fond du cœur quand l'époux nous plaît : c'est une règle entre nous, chaque homme est refusé jusqu'au moment... Mais pourquoi seriez-vous cruelle pour votre cousin ? Laissez-moi plaider en faveur de... Je ne puis pas, en conscience, médire de *mon ami actuel*, mais de celui qui le fut : cette union n'est-elle pas convenable à tous égards ? Le même nom, l'héritier présomptif de votre père, un homme d'une figure et d'un esprit très-agréables ; laissez-moi vous recommander M. Elliot ; je suis sûre que le colonel Wallis vous en fera l'éloge ; et qui le connaît mieux que le colonel Wallis ?

— Ma chère madame Smith, interrompit Alice, il n'y a guère plus de six mois que la femme de M. Elliot est morte ; on ne peut supposer qu'il pense déjà à en courtiser une autre, et à se remarier.

— Oh ! si c'est là votre seule objection, s'écria vivement madame Smith, M. Elliot est heureux, et je n'ai plus besoin de parler pour lui. Ne m'oubliez pas, chère Alice, quand vous serez mariée ; dites-lui alors que je suis votre amie ; je suis sûre qu'il mettra autant de zèle à me rendre service pour l'amour de vous qu'il y a mis jusqu'à présent de négligence. Après tout, j'ai peut-être tort de me plaindre ; il a tant d'affaires, tant d'engagemens, qu'il est très-naturel qu'il ne pense pas à moi ; sur cent hommes, quatre-vingt-dix-neuf feraient de même. Il ne sait pas de quelle importance cette affaire est pour moi ; il me croit morte peut-être... Enfin, chère Alice, je veux espérer que vous serez heureuse ; M. Elliot donne une preuve de bon sens et d'un goût parfait en s'attachant à vous ; il sentira le prix d'une telle femme ; il voudra être digne de votre choix ; votre paix domestique, votre bonheur, ne seront pas détruits comme ils l'ont été pour moi ! Il ne trouvera pas de faux amis pour l'égarer ; il ne vous laissera pas entraîner dans sa ruine.

— Non, dit Alice avec bonté ; je puis croire tout ce que vous me dites de mon cousin ; il me paraît avoir un caractère calme et décidé, qui n'est ouvert à aucune dangereuse impression. J'ai pour lui beaucoup d'estime, et, d'après mes observations, je n'ai aucune raison de le juger autrement. Est-ce que cette manière de parler de lui ne doit pas vous convaincre, ma chère madame Smith, qu'il m'est à tout autre égard très-indifférent ? Vous voyez que j'en parle avec calme ; et, sur ma parole, M. Elliot n'est rien de plus pour moi qu'un parent aimable, je ne dirai pas même *un ami* ;

nous ne sommes point assez liés pour lui donner ce titre. Je ne nierai cependant pas qu'il a paru m'honorer d'une préférence dont je suis flattée, sans désirer qu'elle aille plus loin ; et s'il demandait positivement mon cœur ou ma main, ce qu'il n'a pas fait encore, l'un et l'autre lui seraient refusés. Je vous assure que M. Elliot n'a point la part que vous supposiez dans le plaisir que j'eus hier au concert ; ce n'est pas lui qui.... »

Elle s'arrêta, en rougissant jusqu'au blanc des yeux d'avoir été entraînée à commencer une phrase qui voulait dire beaucoup ; mais moins peut-être n'aurait pas été suffisant. Madame Smith se croyait si sûre du mariage d'Alice avec M. Elliot, qu'il ne fallait pas moins, pour la persuader, que l'idée qu'elle aimât une autre personne. Elle n'en douta pas, mais ne dit rien et convint qu'on l'avait trompée. Alice, enchantée de n'avoir pas été comprise, témoigna son impatience de savoir comment madame Smith s'était imaginé qu'elle allait épouser M. Elliot, et qui lui en avait parlé : « Apprenez-moi, de grâce, lui dit-elle, qui vous a mis cette idée dans la tête?

— Elle m'est venue d'abord, dit madame Smith, lorsque j'ai su qu'il était reçu chez votre père, et que vous étiez tous les jours ensemble; il fallait bien qu'un aimant très-fort l'eût attiré chez sir Walter, et que ce ne pouvait être que mon aimable Alice; et je trouvai plus que probable qu'il fût payé de retour. Vous pouvez être sûre que toutes vos connaissances ont disposé de vous de la même manière; mais moi, qui ne vois personne, je n'en ai entendu parler que depuis deux jours.

— Et qui vous en a parlé ?

— Vous avez remarqué sans doute la femme qui vous ouvrit la porte quand vous vîntes hier ?

— N'était-ce pas votre hôtesse? J'étais pressée de vous voir, je ne fis aucune attention à elle. — C'était la sœur de mistriss Speed, mon humble amie, je vous en ai déjà parlé, mistriss Rooke; elle avait depuis long-temps la plus grande curiosité de vous voir et fut enchantée d'en trouver l'occasion. Elle a quitté, depuis dimanche, la maison du colonel Wallis, sa femme étant rétablie, et c'est là qu'elle a entendu dire comme une chose positive que vous épousiez M. Elliot, et l'a appris de madame Wallis elle-même, qui le tenait de son mari, ami intime de M. Elliot : cela ne semblait pas être une autorité douteuse. Elle vint lundi passer une heure avec moi, et me raconta l'histoire entière....

— L'histoire entière ! répéta Alice en riant; elle ne pouvait pas être bien longue. Mais à présent, chère amie, quoiqu'il n'y ait rien de vrai dans mes droits sur M. Elliot comme sa future, j'en ai peut-être encore un peu comme cousine favorite; je serai trop heureuse de vous être utile, vous n'avez qu'à me diriger : dois-je lui dire que vous êtes à Bath ? Me chargez-vous de quelque message ?

— Non, je vous remercie; non certainement, je ne vous chargerai de rien pour lui; dans la chaleur du premier moment, et croyant ce qu'on m'avait assuré, je pouvais peut-être tâcher de vous intéresser à mes malheurs et de faire partager cet intérêt à votre époux ; mais actuellement, que le ciel me préserve de.... Non, chère Alice, je sens toute l'étendue de votre bonté; mais je n'ai plus rien à demander à M. Elliot. » Alice n'insista pas : « Ne m'avez-vous pas dit, reprit-elle, que vous aviez connu M. Elliot depuis plusieurs années ?

— Oui, je vous l'ai dit.

— Et le connaissiez-vous beaucoup ? Étiez-vous liée avec lui ?

— Intimement; il était l'ami d'enfance de

mon pauvre Smith; je le voyais tous les jours.

— En vérité! Dites-moi donc ce qu'il était alors? J'ai grande envie d'apprendre quelque chose de la jeunesse de M. Elliot : je ne sais, mais je crois qu'il était bien différent de ce qu'il paraît être aujourd'hui.

— Je n'ai point vu M. Elliot les trois dernières années, » fut la réponse que madame Smith fit avec un air de réserve et de gravité tel, qu'il fut impossible à Alice d'aller plus loin sur ce sujet. Elle sentit qu'elle n'avait gagné qu'un plus vif désir d'apprendre ce qu'on ne voulait pas lui dire.

Toutes deux restèrent en silence, et madame Smith très-pensive; après quelques minutes, elle prit la main de son amie : « Je vous demande pardon, ma chère miss Elliot, lui dit-elle de son ton de cordialité ordinaire; je vous demande pardon de la sèche et courte réponse que je vous ai faite; mais j'étais incertaine de ce qu'il fallait vous découvrir ou vous cacher, et j'ai voulu réfléchir un moment. Il y avait bien des choses à considérer; on craint quelquefois d'être trop officieuse, de donner de mauvaises impressions, d'être la cause de quelque malheur; même la douce surface des relations de famille est digne d'être ménagée, quoiqu'on sache que cette surface couvre peutêtre un précipice. C'est la crainte d'un tel danger pour mon Alice qui m'a décidée; je suis déterminée à vous montrer le danger qui vous menace peut-être, à vous faire connaître le caractère réel de M. Elliot. Quoique je sois sûre à présent que vous n'avez nulle intention de l'épouser, on ne sait ce qui peut arriver; vous pourriez plus tard être entraînée, soit par les convenances de famille, soit par l'*estime* que vous dites avoir pour lui : entendez donc la vérité pendant qu'il en est temps encore. M. Elliot est un homme sans cœur et sans principes; hypocrite, trompeur, adroit; il sait prendre l'apparence des vertus et n'en possède aucune; c'est un égoïste qui n'aime que lui, qui, pour son intérêt, pourrait être capable de cruauté, de trahison, s'il était sûr de ne pas être découvert; dénué de toute sensibilité, il abandonne sans compassion et sans remords ceux dont il a causé la ruine et le malheur; car depuis longtemps il a étouffé la voix de sa conscience; il est aussi incapable de justice que de pitié. Son cœur est noir, vide et glacé! » Elle s'arrêta à cette vive exclamation d'Alice : « Dieu! qu'entends-je? serait-il possible qu'il existât un être tel que celui que vous venez de dépeindre, et que ce fût M. Elliot? Non, c'est impossible, vous êtes dans l'erreur.

— Plût au ciel, répondit madame Smith, que ce fût une erreur! mais j'ai trop appris à le connaître! Mes expressions, trop fortes peut-être, vous ont effrayée; on peut pardonner quelque chose à la colère d'une femme qu'il a plongée dans la détresse; mais je veux essayer de me calmer, et de m'oublier moi-même; je veux seulement vous dire sur quoi je l'ai jugé : les faits parleront. Hélas! pendant long-temps j'aurais, comme vous, repoussé toute idée contraire à l'estime, à l'amitié que j'avais pour lui; jamais personne n'a mieux su cacher le vice sous des dehors séduisans. Il était l'ami intime de mon mari, qui se fiait entièrement à lui, l'aimait tendrement, et le croyait aussi bon, aussi honnête homme que lui. Il me le présenta, lors de mon mariage, comme l'être qu'il aimait le mieux après moi; je chérissais trop mon cher Smith pour ne pas partager ses sentimens, et son ami devint aussi le mien, d'autant plus que je le trouvais agréable, gai, complaisant. A dix-neuf ans, on ne réfléchit pas beaucoup : M. Elliot me paraissait aussi loyal, aussi franc que les autres hommes, et beaucoup plus aimable; mon mari ne pouvait se passer de lui, et nous étions tous les jours ensemble.

» Nous vivions à Londres sur le plus haut ton; M. Smith était riche, aimait le monde, le plaisir, et tenait une très-bonne maison. M. Elliot n'était pas dans des circonstances aussi heureuses : il était pauvre, habitait une petite chambre au Temple, où il étudiait le droit, et il aurait eu peine à soutenir l'apparence d'un bon gentilhomme, s'il n'avait pas eu les secours de son ami. Mon Charles avait le cœur le plus sensible et le plus généreux; sa maison, sa table, sa bourse, étaient à son ami comme à lui; il aurait partagé avec M. Elliot jusqu'à son dernier schelling, et je sais qu'il lui a avancé des sommes considérables, qui n'ont jamais été remboursées. Comme il ne prenait avec M. Smith aucune précaution, il a été facile à M. Elliot de les garder. Il avait aussi une adresse singulière, que nous appelions du bonheur : dès qu'il courait un bruit, une nouvelle, il n'épargnait ni soins ni démarches pour découvrir ce qu'il y avait de vrai ou de faux; quand il était à-peu-près sûr de son fait, il trouvait le moyen de se faire apprendre la chose ou par son ami ou devant lui, et lui proposait alors un pari pour ou contre, suivant ce qu'il avait appris. M. Smith acceptait toujours ; outre qu'il aimait à parier, il se disait : « Si Elliot gagne dix ou douze guinées, cela n'est rien pour moi et beaucoup pour lui ; et s'il perd, nous l'ajouterons à ce qu'il me doit déjà. » Insensiblement l'argent de mon mari passait dans la poche de M. Elliot.

— Pardon si je vous interromps ! dit Alice, qui écoutait à peine ce qui lui causait un chagrin réel ; le temps dont vous parlez doit être, ce me semble, à-peu-près celui où M. Elliot fit la connaissance de mon père et de ma sœur ? Je ne l'ai point connu moi-même alors ; mais j'ai souvent entendu sir Walter et Élisabeth parler de lui en bien d'abord, et puis en mal. Il est sûr qu'il y a eu quelque chose de singulier dans sa conduite envers eux, et dans les circonstances de son mariage, que je ne puis concilier avec sa conduite actuelle ; il semble que ce soient deux êtres complétement différens.

— Non, non, c'est toujours le même, agissant autrement qu'il ne pense, et n'ayant que des vues intéressées : je sais tout, je vous dirai tout. Il avait été présenté à sir Walter et à miss Élisabeth avant que je le connusse, mais il m'en a souvent parlé; je savais qu'il était invité à aller à Kellinch-Hall, et qu'il ne s'y rendit pas; il entrait dans ses vues de ne point répondre aux avances de son parent. Je puis satisfaire votre curiosité sur tout ce qui le concerne; il me confiait ses plans, ses projets, ses espérances. Je ne connaissais point la jeune personne à laquelle il pensait; elle était d'un rang trop inférieur au nôtre; mais je l'ai vue, quand elle a été madame Elliot, jusqu'aux dernières années de sa vie; je puis donc répondre à toutes les questions que vous voudrez me faire.

— Aucune, dit Alice; je n'ai rien à vous demander de particulier sur elle; j'ai toujours entendu dire que cette union n'avait pas été heureuse; d'après ce que vous me dites sur le caractère de M. Elliot, je soupçonne que les torts étaient de son côté, et cela m'est assez égal; mais j'aimerais à savoir pourquoi il a traité aussi légèrement la connaissance de mon père, du chef de sa famille, qui était très-bien disposé en sa faveur. Il était jeune, sans fortune; la protection et l'amitié de son unique parent devaient alors le flatter : par quel motif M. Elliot a-t-il fui sir Walter?

— M. Elliot, répliqua madame Smith, avait, à cette période de sa vie, un seul objet en vue, celui de faire sa fortune d'une manière plus prompte que par l'étude des lois. Il était décidé à chercher une héritière, à lui tourner la tête et à la forcer de l'épouser. Je sais qu'il croyait que les prévenances et les invitations de sir Walter avaient pour but de marier son héritier présomptif avec sa fille aînée, et cette union ne répondait point à ses projets de richesse et d'indépendance. Sir Walter n'avait guère que sa terre, qui devait revenir à son cousin, qu'il fût son gendre ou non : voilà, je puis vous l'assurer, son seul motif; il me le dit alors; et quoique votre sœur Elisabeth fût très-belle, elle ne fit nulle impression sur son cœur. Jusqu'à présent je vous avoue que j'avais cru M. Elliot incapable d'un sentiment tendre, son cœur de glace n'en est pas susceptible; et s'il a vraiment de l'amour pour vous, ce dont je doute encore, c'est un miracle qui vous était réservé; mais jamais il n'a rien senti pour miss Elisabeth. Je connaissais ses plus secrètes pensées; et quoique j'y trouvasse bien des choses à blâmer, quoique je fusse fâchée qu'il ne pensât jamais qu'à l'argent, et ne formât d'autre projet de bonheur que d'être riche, je l'excusais : il avait encore deux puissans attraits pour moi; il était l'ami intime de mon mari, et il s'appelait Elliot, comme ma chère Alice, que j'avais laissée à Bath avec tant de regret; il me semblait qu'en étant l'amie de votre cousin je ne vous avais pas perdue : je puis vous assurer que ce nom chéri voilait ses défauts à mes yeux, et prolongeait ma prévention en sa faveur. »

Alice serra la main de son amie avec un air d'émotion et de surprise. — Je vois dans vos yeux ce que vous pensez, chère Alice; vous avez dû vous croire oubliée d'une personne qui ne vous écrivait jamais, et, je vous le jure, vous étiez toujours présente à mes pensées : j'eus d'abord la crainte que mes lettres ne fussent lues par lady Russel, qui s'était emparée de vous; puis le torrent du monde et de la dissipation m'entraîna pendant quelques années ; vint ensuite l'époque de nos malheurs, dont je n'aurais pas voulu vous instruire; mais enfin je vous ai retrouvée, et croyez que je n'ai jamais oublié ma jeune amie. J'écoutais M. Elliot avec le plus grand plaisir quand il me parlait de la belle et fière Elisabeth ; car je pensais alors à ma jolie et douce Alice.

— Peut-être, s'écria cette dernière, frappée tout-à-coup d'une idée, peut-être avez-vous parlé quelquefois de moi à M. Elliot ? — Souvent, très-souvent; j'étais fière de mon amie, et je ne cessais de lui dire combien vous étiez différente de... Ah! oui, je vous ai plus d'une fois peinte à lui avec la chaleur de la vérité et de l'amitié.

— Ceci m'explique, reprit Alice, quelque chose que M. Elliot me dit hier au soir : il m'assurait qu'il me connaissait depuis long-temps, et qu'on lui avait beaucoup parlé de moi; je ne pouvais comprendre qui c'était. Ah! combien l'imagination s'égare quand il est question de soi-même! et combien je m'étais trompée! Mais je vous ai interrompue. M. Elliot s'est donc marié entièrement pour avoir de la fortune ? C'est sans doute cela qui vous ouvrit les yeux sur ce que son caractère avait d'odieux ? »

Madame Smith hésita un peu à répondre ; enfin elle dit : « Non, ce n'est pas cela; je connaissais depuis long-temps son but; il m'avait accoutumée à cette idée, qui est plus générale qu'on ne pense. Quand on vit dans le monde, on ne voit autre chose que des mariages d'argent, et c'est trop commun pour qu'on en soit frappé. J'étais très-jeune; et, dans une société où l'on n'avait d'autre idée que de s'amuser et de se procurer toutes les jouissances du luxe, de la mode, d'une table recherchée et de tous les plaisirs ruineux, je trouvais très-naturel que notre ami Elliot désirât pouvoir mener la même vie. Je pense à présent bien différemment, le temps, les maladies, le malheur, m'ont donné, grâce au ciel, d'autres notions ; mais il faut que j'avoue que je ne vis rien de répréhensible dans le mariage de M. Elliot : sa femme était immensément riche, jolie, bien élevée.

— Mais n'était-elle pas d'une basse naissance ?

— Oui. Je lui représentai sa mésalliance, le chagrin de sa famille, il en rit, et me dit que l'argent était le plus beau titre de noblesse et le seul dont il fît cas : un coffre bien rempli valait beaucoup plus à ses yeux que de vieux parchemins, et la colère de sir Walter et l'indignation de la fière Elisabeth l'amusaient extrêmement.

— Ils furent en effet très-indignés, dit Alice, et je ne croyais pas qu'on pût jamais lui pardonner ; mais le colonel Wallis a présenté cette union sous un jour si favorable, que mon père l'a presque approuvée.

— Vraiment ! Il n'a pas dit, sans doute que madame Elliot était la petite-fille d'un boucher et la fille d'un marchand de bœufs ? Je crois qu'alors le noble sang Elliot se serait révolté; mais il est vrai qu'elle était belle. Elle avait été fort bien élevée; son père, n'ayant que cette fille, ne négligea rien pour son éducation, dans l'espoir de la marier dans une classe plus relevée. M. Elliot, l'ayant appris, chercha les occasions de la voir, de lui faire la cour ; il réussit bientôt à s'en faire aimer passionnément, et ne trouva nulle difficulté à obtenir sa main. L'espoir de voir un jour sa fille *lady Elliot* fit passer le père sur la pauvreté de son gendre. Celui-ci, avant de s'engager, eut soin de s'assurer que la dot et la fortune étaient assez considérables pour le faire passer sur la naissance. Il me paraît qu'il a changé d'idée à présent, et qu'il attache plus de prix à la noblesse et au titre de baronnet qu'il ne le faisait alors; je lui ai souvent entendu dire que, s'il pouvait vendre sa baronnie future, armes, devises et livrée pour cinquante guinées, il n'hésiterait pas à y renoncer. Mais je ne veux pas vous répéter tout ce que j'ai entendu sur ce sujet, j'aime mieux vous donner la preuve que mes assertions sont vraies.

— Je n'en doute pas, dit Alice ; vous ne m'avez rien dit de contradictoire à l'opinion que j'avais alors de M. Elliot; ce n'est que la confirmation de ce que j'entendais dire tous les jours à Kellinch-Hall; mais je serais curieuse de savoir pourquoi il pense à présent si différemment ?

— Je vous le dirai, je vous l'expliquerai, mais auparavant, pour ma propre satisfaction, ayez la bonté d'aller vous-même dans mon cabinet, et de m'apporter une petite cassette marquetée, que vous trouverez sur une étagère, près de mon lit. »

Alice fit ce que son amie désirait; la cassette fut apportée et placée devant madame Smith, qui l'ouvrit en soupirant.

« Elle renferme les papiers de mon mari, dit-elle en essuyant une larme; c'est une bien petite portion de ceux que j'ai eus à lire et à brûler quand je l'eus perdu. Voici des lettres qu'il avait reçues, avant notre mariage, de divers individus, et il y en a plusieurs de M. Elliot : je les ai conservées, je ne sais pourquoi, comme des preuves de l'amitié qui subsistait entre lui et mon mari, et de ce que ce dernier faisait pour lui; à présent j'ai un autre motif pour être charmée de les avoir gardées. » Elle en ouvrit plusieurs au hasard, et en trouva une de M. Elliot, qu'elle lut à haute voix; elle était adressée à Charles Smith, à Tumbridge, datée de Londres en juillet 1803: elle était ainsi conçue :

« Mon cher Smith, j'ai reçu votre lettre et
» ce qu'elle contenait; votre bonté me con-
» fond : plût au ciel qu'il y eût beaucoup de
» cœurs comme le vôtre! Mais depuis vingt-
» trois ans que je suis au monde, je n'en ai ren-
» contré aucun qu'on pût lui comparer. Je ti-
» rai hier la somme que vous m'indiquez. Un
» temps viendra, j'espère, où je pourrai m'ac-
» quitter, et faire pour d'autres pauvres dia-
» bles ce que vous faites pour votre ami ; j'en
» chercherai les moyens et je les trouverai. En
» attendant, félicitez-moi ; je suis débarrassé
» de sir Walter et de sa fille, ils sont retour-
» nés à Kellinch et m'ont fait presque jurer
» d'aller les visiter cet été ; mais ma première
» entrée à Kellinch sera à titre de possesseur
» de ce domaine, et la belle Elisabeth n'aura
» pas le bonheur de voir son cher cousin avant
» cet heureux moment, et il sera marié avec
» quelque riche héritière. Le baronnet, qui
» se croit encore jeune et beau comme Adonis,
» pourrait bien me jouer le tour de se rema-
» rier et d'avoir un fils ; il est assez fou pour

» cela, et un bon mariage est plus sûr pour
» moi; enfin j'y gagnerai d'être débarrassé
» des persécutions de sa fille : elle ne com-
» prend pas sans doute que je puisse résister
» à ses charmes; mais Vénus même, pauvre et
» sans esprit, serait laide à mes yeux. Sir
» Walter a beaucoup vieilli depuis la dernière
» année, et n'en est que plus ridicule, avec
» ses prétentions de beauté.

» Je voudrais m'appeler autrement qu'El-
» liot, ce nom seul m'ennuie à la mort; du
» moins n'ai-je pas celui de Walter, et sir
» William Elliot saura faire oublier sir Wal-
» ter Elliot, mais je ne voudrais pas de son
» titre à la charge de lui ressembler, j'aimerais
» mieux rester toute ma vie

» Votre très-humble et reconnaissant ami,

» WILLIAM ELLIOT. »

Une telle lettre ne pouvait être lue sans in-
digner Alice, qui aimait et respectait son père;
elle rougit de colère et garda le silence. Madame Smith s'en aperçut, et lui dit : « Je vois
que le style de cette lettre vous affecte; il manque, il est vrai, de respect au plus haut point

aux parens qu'il devait honorer; j'avais oublié les termes dont il s'était servi, mais je me rappelais confusément ce dont il était question : ceci vous montre l'homme. Remarquez aussi ses protestations d'amitié pour mon mari, et sa reconnaissance, aussi fausse l'une que l'autre : peut-on rien de plus fort contre lui que cette lettre ? »

Alice ne voulut pas exprimer à quel point elle était choquée d'entendre de telles expressions contre sir Walter : elle sentait que, si elle donnait l'essor à ce qu'elle éprouvait, elle irait peut-être trop loin ; elle fut obligée de se rappeler que la lecture de cette lettre était une violation des lois de l'honneur ; que personne ne pouvait être jugé par de tels témoignages ; qu'aucune correspondance privée ne devait être mise sous les yeux des autres; que ce qu'on écrit à un ami est sacré, plus encore peut-être lorsque cet ami n'existe plus, et ne peut motiver une telle indiscrétion : le premier devoir des gens entre les mains desquels tombent des lettres adressées aux personnes que la mort a frappées est de les anéantir : qui oserait, sans cette loi suprême de la conscience et de la délicatesse, confier à un ami ses pensées les plus secrètes ? Ces réflexions la calmèrent un peu : elle prit la lettre, que madame Smith avait posée sur la table, la déchira, et jeta les morceaux au feu. « Je vous remercie, dit-elle en même temps, de m'avoir montré une preuve aussi convaincante de tout ce que vous m'avez dit ; il a dû en coûter à vos principes, et, pour n'en être plus tentée, brûlez toutes celles qui sont dans cette cassette. Quand M. Elliot écrivait à M. Smith, il ne s'imaginait guère que vous et moi les lirions un jour ; mais, puisqu'il pensait ainsi, qu'est-ce qui a pu l'engager à se rapprocher de nous ?

— Je puis vous le dire encore, s'écria madame Smith en souriant ; mais ne le devinez-vous pas ?

— Je vous comprends, répondit Alice en souriant aussi ; mais je puis vous prouver, à mon tour, que vous vous trompez ; cependant expliquez-moi votre idée.

— Ce n'est point une idée, ma chère ; écoutez-moi. Je vous ai montré M. Elliot dans sa jeunesse, je veux aussi vous le montrer tel qu'il est aujourd'hui. Je ne puis, il est vrai, vous donner des preuves écrites, mais une attestation positive. M. Elliot n'est pas un hypocrite maintenant ; il désire vous épouser ; ses attentions pour vous sont sincères ; et, pour la première fois de sa vie, il ne trompe pas ; j'en ai pour garant, ma chère Alice, le témoignage du colonel Wallis.

— Le colonel Wallis ! Le connaissez-vous ?

— Non pas personnellement, et mes informations ne sont pas tout-à-fait aussi directes, mais n'en sont pas moins sûres ; il n'est pas besoin d'être à la source d'une rivière pour être convaincu qu'elle existe, lorsqu'on la voit couler ; et voici comment ceci a coulé dans mon oreille, et coule à présent dans la vôtre. M. Elliot n'a rien de caché pour le colonel Wallis, le colonel Wallis n'a rien de caché pour sa jolie petite femme ; celle-ci, causeuse, étourdie, n'ayant, pendant sa couche, personne avec qui jaser que sa garde, lui contait tout ce que son mari lui disait, et ma bonne amie Rooke, sachant combien je m'intéresse à vous, m'a dit tous les secrets qu'elle lui a confiés. C'est lundi au soir qu'elle me raconta cela ; et, comme elle ne m'a jamais menti et qu'elle n'y a nul intérêt, je ne doute point de la vérité de ce discours.

— Ma chère Smith, dit Alice en souriant, je puis vous assurer, moi, que votre autorité est très-mal instruite. Ce n'est point *pour moi*, ni dans l'idée de *m'épouser*, que M. Elliot s'est réconcilié avec mon père; il venait chez sir Walter long-temps avant mon arrivée à Bath, et il ne me connaissait pas : vous voyez donc, ma chère madame Smith, que ses sentimens actuels ne peuvent m'expliquer le passé.

— Je sais fort bien ce que vous dites là, mais.....

— En vérité, interrompit Alice, vous ne pensez pas que je croie implicitement ce que vous avez appris de cette manière; les faits, les opinions, les propos qui passent par tant de bouches, sont toujours altérés par l'étourderie de l'une, par l'ignorance de l'autre, par la prévention d'une troisième, et la ligne droite de la vérité dévie souvent lorsque tant de personnes se mêlent de la tracer.

— Je vous supplie seulement de m'entendre, dit madame Smith vivement; vous douterez après de tout ce que vous voudrez. Personne ne suppose que c'est pour vous qu'il est venu à Bath, qu'il s'est réconcilié avec votre père; il vous avait vue, il est vrai, une fois, et vous avait admirée, sans savoir qui vous étiez : est-ce vrai cela ? Mon historienne est-elle *encore mal instruite?* Vous a-t-il vue quelque part cet automne sans se douter que c'était vous?—Oui, à Lyme, où le hasard nous fit rencontrer ; je sus son nom, mais il ignora le mien.

— Eh bien ! continua madame Smith d'un air triomphant, ajoutez un peu plus de foi aux discours de mon amie Rooke. M. Elliot vous vit à Lyme ; vous lui plûtes tellement, qu'il fut enchanté de vous retrouver chez votre père à Camben-Place ; d'apprendre que vous étiez Alice Elliot ; et, dès ce moment, ses assiduités dans votre famille eurent un noble motif. »

Alice frémit. Son premier motif était-il Elisabeth ? lui aurait-elle enlevé cette conquête ?

Madame Smith la rassura bientôt. — « Oui, lui dit-elle, il avait un motif aussi fort peut-être pour lui que l'amour, son intérêt ; je crains de vous l'apprendre, de vous donner une inquiétude que vous n'avez pas encore ; je vous prie au moins, s'il y a dans cette histoire quelque chose de faux ou d'improbable, de m'avertir à l'instant. Ce motif regardait donc l'amie de votre sœur, cette veuve qui, à ce que vous m'avez dit, vint avec sir Walter et miss Elliot, qui est encore chez eux ; on dit qu'elle est assez belle femme, adroite, insinuante, flatteuse ; qu'elle est pauvre, et qu'elle a le goût du monde. Sa situation, ses manières, son caractère, ont donné l'idée générale, parmi les connaissances de sir Walter, qu'elle avait grande envie de devenir lady Elliot, et qu'elle n'est pas loin d'y parvenir : on s'étonne que miss Elisabeth soit aveugle sur un tel danger, et la garde aussi long-temps près d'elle. »

Ici, madame Smith s'arrêta un moment en regardant Alice, qui, persuadée depuis long-temps de ce danger, n'avait pas un mot à dire ; son amie continua.

« Si votre sœur ferme les yeux sur le danger qui la menace, votre cousin a les siens bien ouverts. Long-temps avant votre retour, son ami Wallis l'en avait averti, et, quand M. Elliot passa à Bath, en revenant de Lyme, il lui dit qu'il n'y avait pas un moment à perdre pour empêcher sir Walter d'épouser madame Clay. M. Elliot fut très-effrayé ; il sentait alors que le titre de baronnet et la possession d'une belle terre avaient bien leur mérite. Ayant depuis long-temps plus d'argent qu'il n'en pouvait dépenser, il a tourné ses vues sur le titre de sir Walter. J'avais déjà remarqué ce changement dans ses idées avant que notre liaison eût cessé, et depuis qu'il était devenu riche ; car plus on a, plus on veut avoir. Je vous assure qu'il ne peut supporter l'idée de n'être pas sir *William Elliot*, seigneur de Kellinch-Hall. Le seul moyen qui se présenta à lui pour prévenir ce malheur fut de venir s'établir à Bath ; de faire tout ce qui dépendrait de lui pour renouveler connaissance avec son parent, et de se faire pardonner ses torts précédens : une fois réintégré dans ses bonnes grâces, il lui paraissait facile de déjouer les projets de madame Clay. Tout fut arrangé entre les deux amis, et le colonel Wallis lui promit de lui aider en tout ce qu'il pourrait : son rôle fut de préparer la réconciliation. Il se fit donc présenter chez votre père, amena tout naturellement la conversation sur M. Elliot, son ami, un homme charmant, essentiel : il justifia son mariage, rejeta toute sa conduite passée sur l'*amour passionné* qu'il avait déjà pour sa femme quand sir Walter fit sa connaissance, et assura que le seul désir de son ami était de reconquérir l'estime et l'amitié de son aimable et respectable parent ; le colonel prépara si bien les voies et les esprits, que lorsque M. Elliot arriva, il trouva tout disposé en sa faveur, et fut reçu chez sir Walter comme un parent et un ami. Il put observer la belle veuve et déjouer ses plans : son unique occupation, avant votre arrivée, était de surveiller sir Walter et madame Clay ; il ne quitta plus votre maison ; il y entrait à toutes les heures sans se faire annoncer. Mais qu'est-il besoin d'entrer dans plus de détails ? Vous pouvez imaginer tout ce qu'un homme profondément artificieux et intéressé peut faire, et vous rappeler à présent ce dont vous avez été témoin : vous avez ajouté un nouveau motif à ses visites ; mais le premier subsiste encore, il ne le perdra pas de vue qu'il n'ait réussi dans ses projets.

— J'avoue, dit Alice, que vous ne m'avez rien dit qui ne s'accorde avec ce que j'ai déjà pensé. Je craindrais beaucoup sans doute de voir madame Clay remplacer mon excellente et digne mère, et par d'autres motifs que l'intérêt propre ; je suis donc d'accord avec M. Elliot pour désirer d'éloigner cette femme, mais il faut s'en tenir au désir de la séparer de sir Walter. Il y a quelque chose de révoltant dans les manœuvres de M. Elliot ; sa trahison, sa duplicité, son égoïsme... Je me rappelle, en effet, ses attentions recherchées pour cette même femme qu'il hait et méprise, car il me l'a dit à moi-même : ses politesses pour elle ont sans doute pour but de pénétrer ses secrètes pensées, de savoir où elle en est, afin de la trahir plus sûrement. J'ai horreur de cette conduite, mais je n'en suis pas surprise; j'ai toujours pensé qu'il avait quelque motif caché. J'aimerais cependant assez à connaître son opinion sur la probabilité de l'événement qu'il redouté, à savoir s'il croit le danger augmenté ou diminué.

— Diminué, à ce qu'on m'assure, répliqua madame Smith : il pense que madame Clay le craint, qu'elle voit qu'il l'a pénétrée, et qu'elle n'ose avancer ses affaires comme en son absence; mais comme il faudra bien qu'il s'absente une fois, je ne conçois pas comment il peut être rassuré tant qu'elle conservera son influence sur sir Walter et sur miss Elisabeth; il serait prudent d'ouvrir les yeux à votre sœur : cela du moins est permis.

— Je l'ai essayé, dit Alice, et sans succès.

— Madame Wallis avait une plaisante idée, dit en riant madame Smith ; c'était de mettre, dans les articles de votre contrat de mariage avec M. Elliot, que votre père s'engageait à ne pas épouser madame Clay ; c'était digne de cette petite folle, et ma bonne Rooke en sentit toute l'absurdité. — Si l'on ne peut l'en empêcher, dit Alice, qu'en épousant M. Elliot, madame Clay deviendra bien sûrement ma belle-mère. Je suis bien aise de savoir tout cela : il me sera pénible de me trouver avec M. Elliot ; mais du moins je sais à quoi m'en tenir, ma conduite est tracée. M. Elliot est évidemment un homme faux, intéressé, méchant, qui n'a jamais eu d'autre principe, d'autre guide que son propre intérêt, je le connais assez pour le juger ainsi ; mais cependant je ne sais encore de lui que ce qui concerne ma famille, je voudrais aussi connaître ses torts envers vous, savoir ce qui vous a détachée de lui, puisque ce n'est pas son mariage.

—Ce fut d'abord, répondit madame Smith, sa conduite avec sa femme. Elle ne tarda pas à voir, par ses procédés, qu'il ne l'avait jamais aimée ; il la traitait avec une hauteur révoltante, sans égard pour ses parens, dont il ne parlait qu'avec mépris ; il lui défendait de les voir et ne les voyait jamais lui-même, n'ayant aucune attention, aucune indulgence pour sa jeunesse et son peu d'expérience dans le grand monde, il l'accablait de reproches, d'humiliations. J'ai vu par degrés dépérir cette jeune femme, victime de l'indifférence et de la dureté de son mari. Je lui parlai de ses torts avec la chaleur de l'amitié, il reçut mes remontrances en silence, et ne me donna pas l'occasion de les renouveler : je ne le vis plus seul. Son intimité avec mon mari continuait ; depuis que M. Elliot était riche, il entraînait son ami dans des dépenses excessives, et que ne permettait pas notre fortune. Celle de M. Elliot augmenta considérablement par la mort de son beau-père. Il se donnait toutes les jouissances possibles, tous les plaisirs qui flattaient ses goûts et sa vanité, mais il calculait trop bien ; il était trop peu généreux pour déranger ses affaires. Il commençait à s'enrichir lorsque son ami commençait à se ruiner sans vouloir en convenir ni se restreindre, et M. Elliot, loin de le retenir, l'encourageait soit par ses conseils, soit par son exemple, et le conduisit enfin à sa perte. Mon mari, ainsi que tous les gens bons et faciles, se laissait entièrement dominer par M. Elliot et ne savait rien lui refuser. Dès sa jeunesse, il avait eu la poitrine faible, sa santé aurait demandé des ménagemens, votre cousin, qui le connaissait depuis son enfance, le savait très-bien ; mais, loin de le ménager, il l'entraînait dans des parties de chasse, des courses, où souvent même il l'envoyait pour lui quand il ne lui convenait pas d'y aller. Ce fut à la suite d'une course forcée qu'il fit pour son ami par un temps très-rigoureux, qu'il tomba malade et mourut sans connaître lui-même à fond le triste état de ses affaires et sans se défier de l'amitié de M. Elliot. Avec une confiance qui prouvait mieux sa sensibilité que son jugement, il l'avait nommé son exécuteur testamentaire. M. Elliot refusa, en disant que la succession était trop embrouillée et qu'il n'avait pas le temps de s'en occuper. Les difficultés et la gêne que ce refus m'occasiona, jointes au chagrin d'avoir perdu l'époux que je chérissais, altérèrent ma santé, et me réduisirent à l'état où je suis actuellement; pauvre, infirme, sans secours, je ne puis accuser de ma détresse que celui que j'ai cru longtemps mon ami.

Ce triste récit avait rouvert les plaies du cœur de madame Smith, et ranimé son indignation contre M. Elliot; Alice la partageait au plus haut degré. Jusqu'alors elle n'avait pu croire qu'il existât un homme aussi dénué de tout sentiment, aussi profondément dépravé ; et cet homme était son parent, eût été son mari peut-être, si Wentworth n'avait pas uniquement rempli son cœur. Cette réflexion redoubla sa haine pour l'un et son amour pour l'autre, il lui semblait qu'elle devait de la reconnaissance à Wentworth pour l'avoir préservée d'un tel malheur. Pendant que, la tête appuyée sur sa main, elle rêvait en silence, madame Smith cherchait dans sa cassette les réponses que M. Elliot avait faites à ses sollicitations réitérées ; elle exigea qu'Alice les parcourût, et son profond mépris pour celui qui les avait écrites s'accrut encore. Toutes prouvaient sa ferme résolution de n'être d'aucun secours à la veuve de son ami, pas même par ses conseils : « Ce serait, disait-il, se donner une peine inutile ; et, sous une froide politesse, son insensibilité, sa dureté, son indifférence sur la triste situation de madame Smith perçaient à chaque phrase ; c'était le comble de l'ingratitude et de l'inhumanité : il semblait à Alice qu'elle lui aurait plutôt pardonné un crime que cette longue suite de mauvais procédés, de fausseté et d'hypocrisie. Son amie, qui, pour la première fois, soulageait son cœur sur ce sujet, ne se lassait pas de lui raconter des particularités, des détails sur les scènes les plus révoltantes. Ces récits déchiraient le cœur de la sensible Alice ; mais elle n'avait pas le courage d'imposer silence à son amie ; elle l'écoutait, et comprenait si bien l'espèce de soulagement que madame Smith éprouvait en parlant de ses peines à quelqu'un qui les sentait, qu'elle était surprise de son calme habituel.

Dans ce qu'elle racontait se trouva naturellement ce que la veuve voulait obtenir de M. Elliot par l'influence d'Alice, et c'était ce qui lui donnait le plus d'irritation. Elle avait de fortes raisons pour croire qu'une propriété que M. Smith avait dans les Indes orientales, mise en séquestre lors de ses embarras d'argent, devait être libérée ; et cette propriété, sans être considérable, suffisait pour la faire vivre commodément ; mais elle ne savait qui employer dans un pays si éloigné. M. Elliot ne voulait l'aider en rien, et ne répondait plus même à ses lettres. Que pouvait-elle par elle-même ? Son état de maladie l'empêchait d'agir, et l'argent lui manquait pour remettre ses intérêts à des gens de loi. Madame Smith n'avait aucun parent pour l'assister de ses conseils. La profonde retraite où elle avait vécu depuis la mort de son mari, sa pauvreté, ne lui avaient pas permis d'avoir des amis dévoués ; et le seul qui aurait dû l'être s'y refusait impitoyablement. C'était un surcroît à sa misère de sentir qu'elle pourrait être à son aise, si on se donnait pour cela la moindre peine, et de craindre encore que le temps qui s'écoulait n'anéantît ses droits ; cet état était trop dur à supporter ! Croyant fermement que le mariage d'Alice et de M. Elliot était conclu, elle avait espéré d'obtenir quelque chose par ce moyen. Mais les obstacles qu'Alice apportait à cet engagement changèrent la face des choses ; elle perdait l'espoir de recouvrer une partie de sa fortune ; mais elle ne songea pas à la regretter, et fut heureuse de ce que sa chère Alice n'épousait point M. Elliot, qu'elle venait de lui faire connaître. C'est ce qu'elle répondit à son amie, qui lui reprochait avec douceur d'avoir parlé avantageusement de M. Elliot au commencement de leur entretien.

« Rappelez-vous mes éloges, lui dit madame Smith ; je ne vous ai parlé que de *sa figure* et de *son esprit* ; je regardais votre mariage avec lui comme certain ; je ne devais pas plus vous parler contre lui que s'il eût déjà été votre propre mari. Mon cœur saignait pour vous quand je vous parlais de bonheur ; cependant j'osais croire qu'avec une femme telle que vous il y avait encore de l'espoir. Il était impossible qu'en vivant près d'Alice il ne sentît enfin l'empire, le charme de la vertu ; déjà il avait su vous apprécier et vous aimer. Sa première femme, quoiqu'elle eût reçu une éducation passable, se ressentait de son extraction ; elle ne lui inspirait aucun respect; jamais il ne l'avait aimée. J'espérais que votre sort serait différent; et si mon Alice, séduite par son extérieur agréable et par son esprit, s'était attachée à lui, comme je n'en doutais pas, devais-je déchirer son cœur sans espoir de guérir ses blessures? Mais avec quelle joie, chère Alice, j'ai appris que ce cœur si pur ne serait jamais à lui! Alors il était de mon devoir de vous le faire connaître. »

Alice frémit de l'idée qu'elle aurait pu être entraînée à l'épouser; ne pouvait-elle pas y être encore engagée par lady Russel, qui avait une si haute opinion de lui? Elle le dit à madame Smith, en lui demandant la permission de tout découvrir à sa protectrice. « Quoi! s'écria madame Smith, la sage, la prudente lady Russel est prévenue pour M. Elliot! Je ne veux pas d'autre preuve de son hypocrisie, de son talent à se montrer si différent de ce qu'il est, quand son intérêt est en jeu; et ici il y est doublement : elle employait sur vous son influence, et voulait récompenser la docilité de son élève chérie en la faisant son héritière. Je suis bien sûre que c'était le calcul de M. Elliot. Mais il sera trompé cette fois, et vous allez lever le masque qui le cache aux yeux de lady Russel.

— Il y a bien assez de la vérité pour la détromper, dit Alice; je n'aurai pas besoin de suppositions. »

La matinée était très-avancée; Alice prit congé de son amie, en la remerciant encore de son entière confiance, et rentra chez elle, impatiente de voir lady Russel, et de lui raconter ce qu'elle avait appris de son cousin Elliot.

CHAPITRE X.

Alice était fort occupée de tout ce qu'elle avait entendu de M. Elliot; il ne méritait ni son amitié ni son estime, et sa pitié pour lui était entièrement évanouie; elle s'affligea en pensant au mal que ses attentions pour elle au concert pouvaient lui avoir occasioné, si Wentworth, croyant qu'elle aimait son cousin, s'éloignait d'elle. Cette crainte oppressait son cœur : elle redoutait encore la vengeance de cet homme astucieux et méchant lorsqu'il se verrait démasqué; la mortification de lady Russel en apprenant combien elle s'était trompée à l'égard de M. Elliot; la colère d'Elisabeth, de son père, et peut-être leur incrédulité sur les torts prétendus de leur parent. Comment s'y prendra-t-elle pour les leur prouver? Nommera-t-elle son amie? Madame Smith n'aura nul crédit sur l'esprit de sir Walter ni sur sa fille, et sera exposée à la vengeance de celui qui lui a déjà fait tant de mal. Alice avait trop d'obligations à cette sincère et courageuse amie pour la récompenser ainsi. Oh! si toute sa famille pouvait à présent le connaître comme elle! Mais par quel moyen? Elle n'en vit qu'un seul ; c'était de parler d'abord à lady Russel, de tout lui confier, de consulter avec elle sur ce qu'il y avait à faire, et d'attendre les événemens avec le plus de calme possible. Après tout, c'était ce qu'elle voulait cacher à lady Russel qui la tourmentait plus que ce qu'elle avait à lui découvrir.

En entrant chez son père, elle apprit, ainsi qu'elle l'espérait, qu'elle avait manqué la visite de M. Elliot. Il était venu passer presque toute la matinée auprès de ces dames ; mais à peine s'était-elle félicitée intérieurement de ne l'avoir pas vu, que madame Clay lui dit qu'il reviendrait dans la soirée, que miss Elisabeth l'avait invité.

« Ce n'était point mon intention, dit cette dernière négligemment ; mais il paraissait en avoir une si grande envie, que je n'ai pas cru devoir lui refuser ce plaisir.

— Vous avez très-bien fait, dit madame Clay ; il me faisait pitié ; je n'ai vu personne désirer plus ardemment obtenir une invitation: « Qu'est-ce que vous faites ce soir, mesdames? disait-il ; moi, je n'ai nul engagement, et s'il m'était permis...; mais ce serait indiscret peut-être. » Votre cruelle sœur, miss Alice, faisait la sourde oreille à ses tendres supplications ; enfin j'ai fait un signe, et elle s'est laissée fléchir : avec quel empressement il a accepté !

— Oh! s'écria la dédaigneuse Elisabeth, ce n'est pas tout-à-fait pour lui; mais quand il a témoigné un regret si vif de n'avoir pas rencontré mon père ce matin, il m'a touchée, et je n'ai su résister au désir de les voir ensemble : chacun d'eux paraît si fort à son avantage ! Mon père estime M. Elliot, fait le plus grand cas de sa franchise et de sa probité; et M. Elliot a pour sir Walter un respect si profond, qu'il s'oublie entièrement quand il s'agit d'obliger son digne et cher parent.

— Oui, c'est tout-à-fait délicieux ! s'écria madame Clay, en n'osant pas regarder Alice; ils sont exactement comme un père et un fils. Chère miss Elisabeth ! pourquoi rougissez-vous? Ne puis-je pas dire *un père et un fils*, et n'est-ce pas vrai?

— Je ne puis, ma chère Pénélope, répondit Elisabeth, diriger ou changer vos idées ; mais je vous assure que je ne m'aperçois pas qu'il ait plus d'attentions pour moi que tous les autres hommes que nous voyons dans la société.

— Ma chère miss Elliot ! s'écria madame Clay en levant à-la-fois les mains et les yeux comme pour marquer son étonnement, vous vous abusez, et je crois.... — Ma chère Pénélope, il ne méritait pas votre compassion. Je l'ai invité avec un de mes plus gracieux sourires ; quand il est parti, je lui ai dit : Adieu, mon cousin, au revoir. Je vous assure qu'il n'est point malheureux ; mais demain il s'est engagé à Tornbery-Parc, il sera deux jours absent ; c'est aussi ce qui m'a touchée. — Je parie qu'il ne restera qu'un jour, dit madame Clay ; il ne peut plus vivre sans voir *sa famille.* »

On comprend qu'Alice ne disait mot, elle admirait la confiance ou la fausseté de madame Clay, qui désirait le retour de celui qui contrariait tous ses plans, se trouvait toujours entre elle et sir Walter, et l'empêchait de se dévouer à ce dernier, comme elle l'aurait fait s'il n'eût pas été là. Il était impossible qu'elle ne détestât pas M. Elliot au fond de l'âme, et cependant, pour plaire à son amie, elle le vantait, parlait de lui de la manière la plus obligeante, et cherchait à persuader Elisabeth qu'elle était l'objet de ses préférences. Lorsqu'il revint le soir, elle le reçut avec toutes ses grâces, ainsi qu'Elisabeth ; Alice, au contraire, éprouva un fémissement quand il entra et s'approcha d'elle pour lui parler. Elle avait eu toujours l'idée qu'il n'était pas tout-à-fait sincère ; mais à présent elle s'apercevait de sa fausseté dans chaque mot qu'il prononçait. Ses attentions, sa déférence pour sir Walter, contrastaient avec son premier langage, avec le style de ses lettres, et excitaient son aversion : quand elle pensait à sa conduite envers sa femme et madame Smith, elle pouvait à peine supporter sa vue. Elle s'efforça cependant de se contraindre, afin que ce qu'elle éprouvait ne fût pas remarqué de son père ou de sa sœur, ce qui lui eût attiré une remontrance ; tout son désir était de prévenir un éclat ou des questions sur ce sujet, avant d'avoir parlé à lady Russel. Ils étaient tous trop prévenus en faveur de M. Elliot pour qu'elle pût espérer de les ramener seule à son opinion ; mais elle voulait rompre l'espèce d'intimité qui s'était insensiblement établie entre elle et lui, comme parent et ami de la maison : elle se décida donc à être, dès cette première soirée, froide, beaucoup plus froide et plus réservée qu'à l'ordinaire. Il y a toute apparence qu'elle aurait été de même, quand madame Smith ne lui aurait rien appris ; il aurait suffi pour cela de Wentworth et de ses soupçons; mais elle se le serait reproché comme une injustice ; tandis qu'elle croit remplir un devoir.

M. Elliot s'aperçut bientôt du changement de sa cousine, mais ne s'en inquiéta pas; il était sûr de la ramener bientôt par l'attrait de la curiosité; il croyait avoir découvert, la veille, qu'elle était très-curieuse, et enchanté de connaître son côté faible, il se promit d'en tirer parti. Les vives sollicitations d'Alice pour savoir qui lui avait fait son éloge ne pouvaient avoir une autre cause; il lui en parla encore, et lui laissa même entrevoir qu'il nommerait la personne s'il en était encore pressé par celle à qui il ne pouvait rien refuser. Il s'attendait à des questions multipliées, mais le charme était rompu; Alice savait à présent aussi bien que lui ce nom qui le couvrait de honte, et qu'elle ne voulait pas entendre de sa bouche avant de pouvoir le confondre. Plus froide qu'elle n'avait été pressante la veille, elle ne répondit presque rien, et parut avoir oublié et son éloge et celui qui le lui avait répété. Mais la vanité de M. Elliot ne se laissait pas déranger pour si peu de chose, il ne s'en inquiéta nullement : si sa cousine n'était plus curieuse, elle était du moins à coup sûr très-capricieuse;

si vive, si animée la veille, et si froide et sérieuse aujourd'hui ! Alice est donc comme toutes les autres, et il la subjuguera de même avec un peu d'adresse : il est loin de se douter non-seulement qu'il est démasqué, mais que ses attentions lui sont devenues insupportables, et que c'est un autre que lui qui remplit son cœur et ses pensées.

Elle eut le plaisir de lui entendre dire qu'il quittait Bath le lendemain matin de bonne heure, et pour deux jours. Il fut invité par sir Walter pour une soirée à son retour ; mais du jeudi au samedi son absence était certaine ; c'était assez de madame Clay pour rendre la maison peu agréable pour Alice ; mais qu'un profond hypocrite, un égoïste, un homme faux et méchant y fût encore, c'en était plus qu'il n'en fallait pour détruire la paix et le bonheur de la famille. Il était humiliant pour elle d'être le témoin de ses ruses et de ses insidieuses flatteries avec son père et sa sœur. Madame Clay, qu'il cherchait à expulser, lui était beaucoup moins odieuse ; elle aurait consenti de bon cœur à son mariage avec sir Walter, pour être délivrée de M. Elliot.

Le vendredi matin, elle se décida à aller de bonne heure chez lady Russel, pour lui communiquer tout ce qu'elle avait appris de M. Elliot et lui demander ses bons avis; elle allait partir, lorsque madame Clay lui dit qu'ayant affaire dans des magasins pour une commission d'Elisabeth elle serait charmée de cheminer avec elle. Alice, qui ne se souciait pas de cette compagnie, résolut d'attendre, pour sortir, que madame Clay fût partie; elle descendit auprès de son père et de sa sœur, et une demi-heure après elle parla de son projet d'aller passer la matinée auprès de lady Russel.

« Je ne vous envie point ce plaisir, lui dit Elisabeth; mes plus tendres amitiés à lady Russel, et prenez, s'il vous plaît, ce livre qu'elle m'a prêté et dont je n'ai pas lu deux pages : s'imagine-t-elle que je veux mourir d'ennui avec tous les poëmes qui paraissent ? Lady Russel est insupportable avec sa littérature et son enthousiasme pour les productions nouvelles ! Elle ferait mieux de s'occuper de sa toilette; ne le lui dites pas, mais elle était absolument hideuse hier au soir; sa mise était celle d'une femme de soixante ans, et c'est tout au plus si elle en a cinquante. J'étais vraiment honteuse pour elle au concert : il y avait quelque chose de si arrangé dans toute sa personne sa manière de s'asseoir, de saluer, tout cela était bizarre et passé de mode. Faites-lui mes amitiés, je vous en prie, mes plus sincères hommages, ajouta sir Walter; entendez-vous, Alice ? Vous pouvez lui annoncer que je passerai chez elle un de ces jours; tournez cela d'une manière plus polie; je me contenterai peut-être d'envoyer ma carte; je veux lui épargner le désagrément de me recevoir à son lever : à l'âge de la bonne dame, on doit être dispensé de se montrer le matin, ou bien il faut mettre un peu de rouge et baisser les persiennes : tâchez, Alice, de lui faire entendre raison là-dessus. Il est vraiment insensé d'aimer à faire peur, et de se donner, à cinquante ans, l'air de soixante et dix. »

Pendant qu'il parlait, en se promenant le plus droit qu'il pouvait, et qu'un regard jeté sur la glace voulait dire *je n'ai pas ce tort-là*, un grand coup de marteau se fit entendre à la porte d'entrée. Qui peut-ce être ? dit sir Walter effrayé : je suis encore en négligé, et je ne reçois personne à pareille heure qu'Elliot, qui est absent. Il allait sonner pour annoncer son refus, quand la porte s'ouvrit, et M. et madame Charles Musgrove se précipitèrent dans la chambre. La surprise fut la seule émotion que leur arrivée excita chez sir Walter et chez

Elisabeth ; Alice fut réellement charmée de les revoir, les deux autres n'auraient pas été fâchés de voir, l'un sa fille, et l'autre sa sœur, si l'embarras de les loger ne l'avait emporté sur le plaisir. Ils avaient, il est vrai, deux grands salons de compagnie, mais plus une seule chambre à coucher, et Elisabeth pensait avec effroi qu'il faudrait tendre un lit dans un des beaux salons. Mais bientôt ils furent rassurés ; les Musgrove étaient en famille, et logeaient tous ensemble : alors la cordialité fraternelle et *sisternelle* (1) se réveilla, et ils firent avec plaisir les honneurs de leur demeure à ceux qui leur faisaient le plaisir de n'y pas rester. Ils étaient venus passer quelques jours à Bath avec madame Musgrove, Henriette et le capitaine Harville, et s'étaient établis à l'auberge du *Cerf blanc*, la meilleure de Bath.

Alice avait mille questions à faire, mais il lui fut impossible de placer un mot avant que sir Walter et surtout Elisabeth eussent proposé à Maria l'exhibition de leurs beaux salons, et se fussent régalés de son admiration,

(1) Ce mot est complétement anglais. Ne manque-t-il pas à notre langue? Je l'essaie en me soumettant au blâme des puristes.

Charles, content de retrouver son aimable belle-sœur, resta avec elle, et lui raconta en détail l'histoire de leur soudaine arrivée. C'était d'abord M. Harville qui avait des affaires à Bath. Comme la saison de la chasse était passée, et que le bon Charles n'avait plus rien à faire, il proposa au capitaine de l'accompagner : il avait accepté avec plaisir; mais alors Maria avait pris des maux de nerfs de ce que son mari avait la barbarie de la laisser seule avec ses deux petits garçons. Mais comment la prendre? Dans un petit phaéton? C'était impossible! Charles, la voyant si désespérée, aimait mieux renoncer au voyage, mais c'était avec peine. Pendant deux jours tout fut en suspens ; enfin maman Musgrove, selon sa louable habitude de gâter ses enfans, vint réjouir son fils et sa belle-fille, en leur disant qu'elle voulait être du voyage ; qu'elle les mènerait dans son grand carrosse à quatre roues, et qu'Henriette profiterait de cette occasion pour faire ses emplettes de noce et celles de sa sœur. De ce moment, tout alla bien et chacun fut content. On avait laissé les enfans à Upercross aux soins de madame Harville, de M. Musgrove, du capitaine Bentick et de Louisa.

La seule surprise d'Alice dans ce long récit fut que les affaires d'Henriette Musgrove fussent assez avancées pour parler des habits de noce ; mais elle apprit de Charles que très-récemment, depuis la dernière lettre de Maria, George Hayter avait obtenu un bénéfice très-lucratif, qu'il devait occuper plusieurs années, jusqu'à ce que celui qui devait le remplir fût en âge et consacré : c'était encore un enfant, ainsi George en serait long-temps en possession. Les revenus de cette place, et la certitude d'en obtenir une plus stable, avaient décidé les parens Musgrove à lui accorder la main de sa chère Henriette, et le mariage devait avoir lieu dans un mois, en même temps que celui de Louisa. Charles était au comble de la joie de ce que son cousin George devenait son frère. Leur cure n'était qu'à vingt milles d'Upercross, un beau pays, de bons voisins ; et George était si aimable, si amoureux de sa sœur ! Je ne lui connais qu'un seul défaut, disait-il, c'est de ne pas aimer la chasse ; à cela près, Henriette sera la plus heureuse des femmes.

« Je suis extrêmement charmée, dit Alice en riant, que deux sœurs d'un égal mérite, et si attachées l'une à l'autre, soient heureuses, en épousant deux hommes de leur choix, auxquels on n'a rien à reprocher que de ne pas aimer la chasse. J'espère que vos parens sont joyeux aussi d'établir à-la-fois leurs deux filles aussi agréablement?

— Oui, oui, cela va sans dire; ils trouvent cependant que deux noces, deux dots, deux trousseaux à faire, sont fort dispendieux; mais enfin mes sœurs sont leurs enfans comme moi; il faut bien qu'elles aient ce qui leur revient, ainsi que tous mes petits frères et mes petites sœurs, qui se marieront aussi, Dieu merci! Enfin nous sommes tous contens, excepté Maria, qui l'est rarement, et qui ne s'est jamais souciée que George Hayter épousât Henriette : elle ne veut point, dit-elle, l'appeler *son frère;* cela n'inquiète guère le cousin George. Quant à moi, je l'ai toujours aimé comme un parent, un ami, à présent je l'aime comme un frère.

— Vous ne me parlez point, dit Alice, de votre autre futur beau-frère; il mérite aussi votre amitié, et fera sûrement le bonheur de Louisa ; j'espère qu'elle est tout-à-fait rétablie ? ».

Charles répondit en hésitant : « Oui, je crois que oui; elle a bon visage; mais elle est si changée, si différente de ce qu'elle était, que je crois quelquefois que c'est une autre; elle ne court plus, ne saute plus, ne rit plus, ne danse plus : pauvre Louisa! quelle différence! Vous savez bien quel bruit elle faisait? Eh bien! à présent si j'ouvre la porte un peu fort, comme vous savez que c'est mon habitude, ma sœur tressaille, et paraît prête à se trouver mal. Bentick est toujours à côté d'elle; il lui récite des vers, ou lui parle à demi-voix toute la journée : comprenez-vous que cela n'ennuie point Louisa? Elle était plus gentille avec le capitaine Wentworth. Comme ils riaient de bon cœur tous les deux! C'est celui-là que je lui aurais souhaité pour mari; toujours gai, toujours de bonne humeur, il l'aurait maintenue ainsi : ah! combien je le regrette!

— Et pensez-vous que Louisa le regrette aussi? dit Alice en hésitant.

— Elle? Oh! pas du tout; elle ne changerait pas son Bentick contre mille Wentworth. Je ne suis pas assez égoïste pour vouloir que chacun ait les mêmes plaisirs que moi; il aime à lire, et moi à chasser, à la bonne heure! Ses livres n'empêchent pas qu'il ne se batte aussi bien qu'il lit; et quand je tue des lièvres ou des renards sans le moindre risque, il défend son vaisseau et sa vie contre nos ennemis.

C'est un brave homme, et je ne m'en prends pas à lui du changement de Louisa : c'est sa maudite chute qui l'a rendue morose; quand on voit la mort de si près, adieu la gaîté. »

Il fut interrompu par la voix aigre de Maria, qui l'appelait pour lui faire admirer les glaces et les porcelaines du salon; mais Alice en avait assez entendu pour connaître l'état actuel d'U-percross, et se réjouir du bonheur de cette estimable famille, renfermant, ce qui est très-rare, des parens sans autre ambition que de rendre leurs enfans heureux; deux jeunes filles libres de donner leur main à l'homme à qui elles ont donné leur cœur, au seul qu'elles aient aimé : car elle était persuadée que Louisa n'avait jamais aimé Wentworth que par la petite vanité d'une première conquête. Le changement de ses goûts, sa facilité à prendre tous ceux de Bentick, prouvaient que lui seul avait touché son cœur; s'il échappa un soupir à Alice en pensant au bonheur de ses jeunes amies, il ne s'y mêlait aucun sentiment d'envie.

La visite des Musgrove à Camben-Place se passa très-bien : des deux côtés on fut de très-bonne humeur; Maria était fort enjouée, ce qui lui seyait mieux que son mécontentement ordinaire. Sir Walter lui fit compliment sur son bon visage, répéta ce qu'il avait dit à Alice, que l'air d'Upercross embellissait, rajeunissait, et qu'il irait voir sa chère fille l'été suivant. Maria lui rendit son compliment, et l'assura qu'elle ne l'avait jamais vu mieux qu'il n'était. Elle satisfit aussi pleinement sa sœur aînée, en louant, en admirant son bel appartement et le goût de ses meubles ; elle eut soin ensuite de sa propre vanité, en parlant du bon équipage de son beau-père, dans lequel elle était venue, de ses quatre beaux chevaux : pour que tout le monde fût content, elle consentit enfin à parler à sa sœur Alice de ses deux petits neveux, mais moins longuement que des quatre chevaux de M. Musgrove. La physionomie d'Elisabeth commençait à s'embroncher ; on ne lui parlait plus de ses salons, et on vantait l'équipage : hélas ! elle n'en avait plus, elle venait aussi de réfléchir, pendant le bavardage de Maria, qu'elle ne pouvait se dispenser d'inviter à dîner toute la société d'Upercross, et cette obligation la contrariait beaucoup. Elisabeth ne pouvait se résoudre à rendre témoins des réductions de sa maison ceux qui étaient reçus à Kellinch-Hall avec magnificence. La vaisselle plate avait fait place à la faïence de Weskwood ; deux laquais seulement servaient à table : «Non, pensait-elle, c'est impossible : ce serait comme chez eux, et sir Walter Elliot doit vivre plus noblement. Mais comment faire? Ne pas les inviter serait plus affreux encore; ce serait manquer à tous les usages.» Il y eut un grand combat entre sa vanité et la convenance, mais la vanité l'emporta, et lui suggéra un *mezzo termine* qui conciliait tout, et lui sauvait l'horreur de donner un repas si différent de ceux de Kellinch, qui trahirait le secret de leur pénurie actuelle. Elle dit à Maria que les dîners n'étaient plus du tout du bon ton, que c'était bon pour l'hospitalité de campagne et pour rassembler des voisins éloignés; mais, à la ville, donner un dîner à des femmes serait un manque absolu de goût et de délicatesse; madame Musgrove n'y voudrait pas venir, et elle aurait raison. Mais, dit-elle, je vous invite tous demain pour la soirée; ce seront une nouveauté et un régal : la collation, le thé, le jeu, et tout cela dans des salons !.... Je suis sûre que mesdames Musgrove n'en ont jamais vu d'aussi brillans : allons, c'est entendu, demain au soir; je vais faire mes invitations. Lady Dalrymple et sa fille y viendront sûrement; nous aurons aussi M. Elliot : il faut nous présenter votre cousin, Maria, et plus encore notre ami, l'homme le plus aimable, le plus digne d'estime. Je vous engage donc tous pour demain au soir; vous me répondez des absens.

Maria promit, et fut au comble de la joie ; elle avait particulièrement désiré de connaître lady Dalrymple et M. Elliot : sa sœur ne pouvait rien lui offrir qui lui fît plus de plaisir ; elles se séparèrent très-satisfaites ; miss Elisabeth annonça sa visite à mesdames Musgrove dans ses courses du matin. Alice ne voulut pas retarder de voir Henriette et sa mère, et sortit dans ce but avec Charles et Maria. La visite importante à lady Russel fut ainsi renvoyée ; elle y passa cependant avec son frère et sa sœur, pour lui dire qu'avant leur arrivée elle avait eu l'intention de lui consacrer la matinée. Son amie la remercia, et lui répondit d'un air assez fin : « Votre aimable cousin Elliot est absent, dit-on? » Alice ne dit rien, mais se persuada que, puisqu'il était absent, le délai d'un jour pour la terrible communication serait sans conséquence, et se hâta d'aller au Cerf blanc pour voir ses amis et compagnons de la dernière automne.

Elle trouva madame Musgrove et sa fille, qui la reçurent avec la cordialité la plus franche. Henriette, embellie encore par l'amour et le bonheur, était dans cet état de douce émotion qui dispose l'âme à chaque sentiment tendre. La présence d'Alice lui rappela le temps où elle avait bien peu d'espoir d'être si tôt heureuse; et le plaisir de la retrouver, quand ses faibles espérances étaient devenues une réalité, fut encore plus vivement senti. Maman Musgrove, à qui les attentions d'Alice avaient été si utiles dans sa détresse maternelle, jouissait de lui faire partager son bonheur actuel : tous ses sentimens furent exprimés avec une vivacité, une chaleur, une confiance, qui la touchèrent excessivement et d'autant plus qu'elle ne trouvait rien de semblable dans sa propre famille : elle éprouvait donc à-la-fois plaisir et peine ; mais elle cacha son chagrin pour ne montrer à ses amis que sa joie et son amitié. Elle fut suppliée de donner tout le temps dont elle pourrait disposer, et fut invitée pour chaque jour du matin au soir, ou plutôt réclamée comme faisant partie de leur famille; en retour, Alice leur offrit assistance pour leurs emplettes de noce, leur nomma les meilleurs marchands et promit de les accompagner. Elle écouta sans impatience l'histoire entière du mariage de Louisa, racontée par maman Musgrove, et celle de Henriette. De temps en temps, Maria l'interrompait pour parler d'un changement de ruban à son chapeau, faisait une question sur les modes, ou grondait Alice de s'occuper d'autre chose que de sa parure : Alice lui disait son opinion, lui offrait des modèles d'ajustement, puis revenait à ce qui concernait Henriette ; et Maria, trop heureuse d'être hors de chez elle, d'être à Bath, de voir ce qui se passait dans la rue, s'établit à une fenêtre qui donnait heureusement sur l'entrée du salon des bains ; elle s'amusa extrêmement à voir entrer et sortir les baigneurs. Peu à peu des visites arrivèrent : les Musgrove avaient à Bath d'anciens amis, Alice n'avait pas été là une demi-heure, que la chambre, assez spacieuse, fut à moitié remplie. Charles, qui était sorti, rentra avec les deux capitaines de vaisseau Harville et Wentworth, enchantés de se retrouver. Alice s'était attendue que l'arrivée de leurs communs amis lui fournirait l'occasion de revoir Frederich : son émotion ne fut pas de la surprise. Leur dernière rencontre au concert avait d'abord rempli son cœur de bonheur et d'espérance, et la manière dont il l'avait quittée n'y laissa que du chagrin : laquelle de ces deux impressions va-t-elle éprouver? Wentworth s'approchera-t-il d'elle, ou la fuira-t-il encore? Elle le suit des yeux, mais elle voit dans les siens que sa fausse persuasion l'occupe encore ; il l'a vue, et l'a saluée de loin avec cérémonie ; elle lui trouve l'air triste et soucieux. mais il ne cherche point à l'approcher et à lui parler.

Elle s'efforce de paraître calme, de laisser au temps à décider de son sort, et se fait à elle-même ce raisonnement, qui la console : si l'attachement que nous avons eu l'un pour l'autre a laissé dans son cœur des racines aussi profondes que dans le mien, nous finirons par nous entendre; nous ne sommes plus dans l'âge où les passions irritables ne se laissent pas gouverner, et nous font jouer notre propre bonheur : plus tranquille, sans être moins tendre, Frederich verra que sa fidèle Alice n'a jamais aimé que lui. Mais à peine cette idée l'a-t-elle un peu tranquillisée, qu'elle sent qu'être ensemble sans pouvoir s'expliquer les expose tous deux à des choses pénibles qui peuvent confirmer Wentworth dans sa fausse opinion.

« Alice ! s'écria Maria, qui n'avait pas quitté la fenêtre, venez! N'est-ce pas madame Clay, là sous la colonnade? Oh! oui, je suis sûre que c'est elle; mais qui donc l'accompagne? Je les ai vus tourner le coin de Bath-Street; ils semblent être en intime conférence : qui est-ce donc? Venez, Alice, dites-le-moi... Bon Dieu! je reconnais à présent la personne, quoique je l'aie à peine vue; mais sa figure est si remarquable! c'est notre cousin Elliot.

— Non, dit Alice vivement; ce ne peut être M. Elliot, je vous l'assure; il a quitté Bath ce matin à huit heures, et ne reviendra que demain au soir. » Comme elle parlait, elle s'aperçut que Wentworth avait les yeux fixés sur elle, que son air était toujours plus sombre : elle fut embarrassée et contrariée, regretta d'avoir parlé, et n'ajouta pas un mot. Maria, au contraire, babillait toujours; elle ne put supporter qu'on eût supposé qu'elle ne connaissait pas son cousin; elle assura qu'il avait des traits de famille, qu'il ressemblait à sir Walter, qu'on ne pouvait s'y tromper, que c'était bien sûrement M. Elliot. Elle pria Alice de s'approcher de la croisée, et de voir elle-même; mais Alice ne bougea pas, et s'efforça de paraître froide et indifférente : son malaise augmentait encore en s'apercevant que quelques-uns des derniers visiteurs souriaient malicieusement et se parlaient à l'oreille. Il était évident que le bruit de son mariage avec M. Elliot s'était répandu dans le public ; elle croyait les entendre dire : « Ils s'aiment, c'est un mariage fait, etc. » La pauvre Alice tremblait que Wentworth ne l'entendît plus positivement.

« Venez donc, Alice ! cria Maria avec impatience ; venez voir si je me trompe ; vous arriverez trop tard si vous ne vous hâtez : ils vont se séparer ; il lui prend la main, il tourne de ce côté : eh bien ! n'est-ce pas M. Elliot ? En vérité, Alice, vous avez tout-à-fait oublié Lyme. » Pour calmer Maria, et la faire taire sur M. Elliot, Alice vint doucement à la fenêtre, assez tôt pour se convaincre que c'était vraiment M. Elliot, ce qu'elle ne croyait pas ; il disparut d'un côté, et madame Clay, qu'elle reconnut très-bien, de l'autre ; elle n'osa exprimer sa surprise de cette amicale conférence entre deux personnes dont les intérêts étaient si opposés, et dit froidement : « Oui, vous avez raison, c'est M. Elliot ; il a sans doute changé l'heure de son départ, ou je puis m'être trompée, je n'y faisais pas grande attention. » En disant cela, elle fut plus tranquille, espérant qu'elle avait un peu tranquillisé Wentworth.

Les visiteurs prirent congé de la famille Musgrove ; et Charles, qui paraissait impatient de les voir partir, s'approcha de sa mère dès qu'ils eurent passé le seuil de la porte.

« Eh bien ! maman, dit-il du ton caressant qu'il prenait souvent avec elle, vous aimerez bien votre fils Charles ? Aujourd'hui j'ai fait quelque chose pour vous qui vous fera plaisir, j'en suis sûr : j'ai été au théâtre, j'ai loué une grande loge pour demain au soir : je sais que vous aimez le spectacle, et nous serons tous ensemble, parens et amis. J'ai invité le capitaine Wentworth. Alice, vous y viendrez aussi, n'est-ce pas ? Nous nous amuserons, je l'espère. N'ai-je pas bien fait, ma bonne maman ? »

A peine madame Musgrove avait-elle pu remercier son fils de son attention, que Maria l'interrompit, en s'écriant avec aigreur : « Y pensez-vous, Charles? avez-vous perdu la tête ? Prendre une loge pour demain au soir ! Avez-vous donc oublié que nous sommes engagés chez ma sœur Élisabeth, à Camben-Place; que je dois y rencontrer ma cousine la vicomtesse Dalrymple et sa fille, et qu'on me présentera mon cousin Elliot, tous les principaux membres de notre famille rassemblés pour moi ? Comment est-il possible, Charles, que vous l'ayez oublié ?

— Bah, bah! répliqua Charles; qu'est-ce qu'une soirée où on ne voit pas seulement qui y est ou n'y est pas? Votre père aurait dû nous inviter à dîner, et j'y avais bien compté : *Ce n'est pas la mode*, dit miss Élisabeth; j'aurais cru que c'était toujours la mode de dîner avec une fille et un gendre qu'on n'a pas vus de si long-temps : il n'en a sans doute pas grande envie. Vous pouvez faire comme il vous plaira, Maria, pour moi je déclare que je vais au spectacle; j'aime mieux m'amuser que m'ennuyer.

— Et moi aussi, je crois; mais je ne veux pas m'ennuyer seule : il serait affreux que vous ne vinssiez pas chez ma sœur après l'avoir promis.

— Non, je n'ai point promis. J'ai salué, j'ai dit merci; ce n'est point promettre.

— Et moi je veux y aller, reprit Maria; il serait impardonnable d'y manquer. Il y a toujours eu une intime liaison entre nous et les Dalrymple; on se communiquait tous les événemens de la famille. Bien sûrement on leur aura fait part de mon mariage : jugez ce qu'elle penserait de ne pas vous voir, et M. Elliot! considérez cela, Charles; un homme si respectable, l'héritier de Kellinch-Hall, le futur représentant de la famille!

— Ne me parlez pas d'héritier ni de représentant, Maria ; je ne suis point de ceux qui font la cour au soleil levant, et si je ne vais pas demain à cette soirée, même pour votre père, je trouverais scandaleux d'y aller pour son héritier. Qu'est-ce que me fait M. Elliot à moi ? Il est à peine notre parent de nom, et ne me sera jamais rien de plus. »

Alice aurait volontiers embrassé Charles ; elle voyait que Wentworth était tout oreilles ; il regardait ensuite Alice, pour découvrir si elle approuvait ou désapprouvait son beau-frère : elle fut muette, mais l'expression de sa physionomie ne dut pas lui laisser de doute.

Charles et sa femme se disputèrent encore quelque temps, lui en plaisantant, elle avec son aigreur accoutumée, déclarant qu'elle voulait aller chez son père, et qu'elle trouvait très-mauvais qu'on fût au théâtre sans elle.

Charles allait répondre vivement ; mais sa mère prit la parole : « Certainement, mon fils, dit-elle, vous ne pouvez manquer aux parens de votre femme; ce que vous avez de mieux à faire, c'est d'aller changer votre loge pour après-demain ; quoique ma fille et moi ne soyons point comprises dans l'invitation de sir Walter, je.... — Point comprises! s'écrièrent à-la-fois Charles et Alice. — Vous êtes tous invités, dit Charles, ma mère, ma sœur, le capitaine Harville ; on en a chargé Maria ; ne l'avez-vous pas dit, Maria ? — J'avoue que je l'ai oublié, dit-elle d'un air un peu confus ; la société m'a distraite.

— Je ne suis donc pas si coupable de l'avoir oublié aussi un moment ? dit Charles ; à présent je me le rappelle fort bien : nous sommes tous invités.

— C'est moi qui suis la seule coupable, dit Alice avec sa bonté accoutumée ; Élisabeth en avait en effet chargé Maria, mais je l'avais entendu, c'était chez mon père, et j'aurais dû le dire ; ainsi que Maria j'ai été distraite....

— Eh bien ! tout est réparé, dit maman Musgrove ; demain nous irons chez vos parens, et après-demain au spectacle ; je n'y aurais aucun plaisir sans vous, chère Alice ; Henriette dira de même, et vous n'auriez pu quitter la maison de sir Walter. »

Alice, touchée de son amitié, serra et baisa la main de la bonne dame, et lui sut gré de lui offrir l'occasion de lui dire ce qu'elle pensait : « A vous parler franchement, madame, lui dit-elle, je vous avoue que je n'aurais eu aucun plaisir à la soirée de ma sœur, si vous n'y aviez été. Je m'amuse fort peu dans les assemblées, et j'aurais été beaucoup plus heureuse dans votre loge; il vaut donc mieux n'être pas tentée de faire une impolitesse aux personnes qui nous feront l'honneur de venir chez nous, et dont pas une ne m'intéresse. » Sa voix tremblait en disant cela, sentant bien que Wentworth l'entendait, et n'osant observer l'effet que produisaient ces paroles. Il fut convenu qu'on changerait la loge pour le surlendemain. Le capitaine Wentworth ne disait mot; il s'approcha de la cheminée, et, quelques momens après, il prit sa station à côté d'Alice.

« Si j'ai bien entendu, lui dit-il, vous n'avez pas un goût bien décidé pour les soirées de Bath ? C'est cependant, m'a-t-on dit, un des grands plaisirs de ce jour.

— Ce n'est pas le mien, répondit-elle; je n'aime pas assez le jeu.

— Oui, je me rappelle en effet que vous ne l'aimiez pas; mais le temps opère quelquefois de grands changemens dans les goûts.

— Oh! je ne suis pas du tout changée! » s'écria Alice du fond de son cœur, sans penser comment cette phrase pouvait être interprétée : elle s'arrêta, et sentit qu'elle rougissait. Il y eut un moment de silence des deux côtés. « Enfin, dit Wentworth, comme si c'était le résultat de ses pensées du moment, c'est une période, en vérité! huit ans sont une période, et je... »

Ce qu'il aurait ajouté fut laissé à l'imagination d'Alice pour une heure plus tranquille. Ils furent interrompus par Henriette Musgrove, impatiente de profiter de ce moment de liberté pour aller faire ses emplettes de noce; elle rappela la promesse d'Alice de l'accompagner, et de sortir avant qu'il vînt de nouvelles visites. Alice se leva, et lui dit qu'elle était prête; mais elle sentait que si Henriette avait connu ce qui se passait dans son cœur, ce que ce souvenir du temps passé pouvait amener, elle aurait trouvé dans ses propres sentimens pour son cousin, dans sa sécurité sur son amour pour elle, de quoi plaindre Alice, et l'aurait laissée écouter la douce conversation de Wentworth.

Leur promenade fut retardée au moment où elles allaient sortir avec Maria; des pas alarmans se firent entendre sur l'escalier; d'autres visiteurs arrivaient; la porte s'ouvre avec fracas pour sir Walter et miss Elisabeth Elliot, ridiculement parés pour venir voir d'anciens amis et alliés. Ils firent une entrée solennelle, qui répandit un froid général dans le salon. Alice se sentit oppressée, et voyait que chacun éprouvait la même impression : la cordialité, la franchise, la gaîté, avaient disparu au moment de cette arrivée, et furent remplacées par une cérémonie glacée, un dédain affecté, un long silence. Oh! combien il était pénible pour Alice que ce fussent son père et sa sœur! Elle eut cependant un plaisir inattendu; le capitaine Wentworth fut reconnu et salué de tous deux. Elisabeth surtout mit beaucoup de grâce dans ce salut : elle lui adressa une fois la parole, et le regarda souvent avec un air de complaisance ; puis elle fit un mouvement qui semblait indiquer qu'elle prenait tout-à-coup une grande résolution. Après quelques minutes employées en fastidieux complimens, elle commença avec un ton de dignité à faire elle-même ses invitations, quoique, dit-elle, Maria eût déjà dû les faire pour le lendemain. C'était un petit rassemblement de parens et d'amis particuliers, une soirée sans cérémonie ; tout cela fut dit en ouvrant un élégant étui plein de cartes qu'elle avait préparées, pour suivre la mode du jour. Au milieu d'une belle vignette frappée, on lisait, si l'on pouvait, écrits en pieds de mouche avec une fine plume de corbeau, ces mots

tracés par l'adroite main de madame Clay :
Miss Elliot reçoit chez elle demain mercredi.

Elle en laissa plusieurs sur la table avec un sourire intelligent et poli en regardant autour d'elle, et une gracieuse inclination de tête, puis elle présenta une carte à Wentworth avec un sourire encore plus gracieux. La vérité était qu'Elisabeth avait été assez long-temps pour sentir l'importance d'avoir à ses soirées un homme d'une aussi belle figure et d'une tournure aussi noble et aussi élégante; le passé était oublié, et le présent lui montrait le beau capitaine ornant son magnifique salon. Il reçut la carte en saluant silencieusement. Sir Walter et sa fille se levèrent, firent un signe de la main pour que chacun restât à sa place, et disparurent.

Dès que la porte fut refermée, on respira plus à l'aise, excepté Alice, qui ne pouvait penser à autre chose qu'à l'invitation qui l'avait surprise. A la manière dont elle avait été reçue, elle était douteuse; c'était plutôt de l'étonnement que du plaisir; elle vit dans les yeux de Wentworth une nuance marquée de dédain. Elle n'osait espérer qu'il regardât cette carte comme une expiation des précédentes offenses, et qu'il voulût retourner dans une famille d'où il avait été rejeté comme indigne de lui appartenir; son cœur se serra. Wentworth, les yeux fixés sur cette carte, paraissait éprouver un combat intérieur entre son orgueil blessé et un sentiment plus tendre.

« Comme Elisabeth a été polie! s'écria Maria assez haut pour qu'on pût l'entendre, elle n'a oublié personne! Il n'est pas étonnant que le capitaine Wentworth en soit enchanté; vous le voyez, il ne peut ôter ses yeux de dessus sa carte. » Alice jeta un regard sur lui; elle le vit rougir, et serrer les lèvres avec une expression de mépris; il sortit un instant après avec Charles Musgrove et Harville.

Henriette et Maria recommencèrent à parler de leurs emplettes, et partirent avec Alice; elle fut suppliée de revenir dîner chez eux, et de leur donner le reste du jour; mais elle avait été trop agitée, elle l'était trop encore pour pouvoir se prêter à leur gaîté et à leur entretien, elle avait besoin d'un peu de solitude, de repos : elle prétexta quelques affaires à la maison, où elle était sûre de pouvoir être seule, et refusa en promettant à ses amis la matinée du lendemain; puis elle reprit tristement le chemin de Camben-Place.

En réfléchissant à ce qui s'était passé, il lui paraissait très-douteux que Wentworth vînt le lendemain. Ce mot de sa sœur, sur son enchantement d'être invité, devait l'avoir vivement blessé. Ah! comme Maria aurait mieux fait de se taire! Mais faisait-elle, disait-elle jamais quelque chose à propos? A son arrivée chez son père, Alice fut mieux reçue qu'à l'ordinaire par Elisabeth. « Quoi! vous voilà? dit-elle, j'en suis bien aise; mais je ne vous attendais pas; je pensais que ces Musgrove vous garderaient. Il est bien à vous d'avoir deviné que vous pouviez m'être utile. » Et d'abord, après dîner, l'entraînant au grand salon, elle lui donna des ciseaux, des papiers de couleurs, et lui fit découper des transparens pour placer devant les quinquets et autour des lampes.

Alice était très-adroite, dessinait et découpait à merveille; Élisabeth voulait une décoration nouvelle pour son beau salon; toute la soirée se passa dans cette occupation; on ne parla que des arrangemens d'Élisabeth et de madame Clay pour le lendemain, des parties de jeu; on fit cent fois l'énumération des personnes invitées; on recommandait sans cesse à Alice d'avancer son travail, et de le rendre aussi parfait que possible. Alice découpait en silence, et ne cessait de se faire à elle-même cette question : *Viendra-t-il ? ne viendra-t-il pas ?* Tantôt il lui semblait qu'il ne pouvait honnêtement s'en dispenser, et tantôt qu'il ne devait pas paraître à cette réunion ; il lui semblait que le sort de sa vie dépendait de la soirée du lendemain.

Pour se distraire de cette pensée continuelle, et pour dire quelque chose, elle voulut plaisanter madame Clay sur sa promenade avec M. Elliot trois heures après qu'on le croyait parti. Elle avait attendu en vain que madame Clay le dît elle-même ; on avait parlé plusieurs fois du cher cousin Elliot, de l'espoir qu'il reviendrait pour la soirée ; madame Clay avait gardé le silence sur leur entrevue. Alice alors se détermina à parler, et, dès les premiers mots, elle vit un embarras extrême sur le visage de celle à qui elle s'adressait ; mais ce ne fut qu'un éclair, elle se remit aussitôt, et s'écria avec l'air le plus naturel :

« Ah ! oui, c'est vrai ; figurez-vous, miss Elisabeth, ma surprise de rencontrer M. Elliot ! Je n'ai jamais été plus étonnée ! Il m'a abordée et s'est promené avec moi près des bains ; quelque chose avait retardé son départ, mais je ne sais ce que c'est. Il m'a chargée de vous dire qu'il serait bientôt de retour. Il voulait savoir s'il pourrait se présenter ici demain de bonne heure. Il n'était occupé que de demain; il ne m'a parlé que de vous, et cela n'est pas nouveau. Bref, je ne l'ai vu qu'un instant; et, à mon retour, en apprenant l'arrivée de mesdames Musgrove, et votre plan pour la soirée, j'avoue que M. Elliot m'était sorti de la mémoire; je vous remercie, miss Alice, de me l'avoir rappelé. » M. Elliot était aussi sorti de la mémoire d'Alice; elle avait repris le cours de ses pensées accoutumées, et fit moins d'attention à la justification de madame Clay qu'au trouble qui l'avait précédée.

CHAPITRE XI.

Un jour entier s'était écoulé depuis l'entretien d'Alice avec madame Smith, et lady Russel ne savait rien encore ; un intérêt bien plus vif l'avait occupée ; elle était si indifférente sur M. Elliot, si peu intéressée à sa conduite, que le lendemain matin elle résolut de différer encore ses explications avec sa vieille amie. Elle avait promis aux Musgrove d'être avec eux du déjeûner au dîner ; elle était attirée par plus d'un motif à tenir sa parole.

Elle ne put pas cependant aller chez ses amies Musgrove aussitôt qu'elle l'aurait voulu : lorsqu'elle se leva, une forte pluie ne lui permit pas de sortir à pied ; elle s'en affligea pour Henriette et Maria, qui l'attendaient encore pour leurs courses d'emplettes. Enfin la pluie cessa vers midi ; elle se mit en chemin, arriva bientôt au Cerf blanc, entra sans se faire annoncer. Maria et Henriette, s'étant impatientées de l'attendre, étaient sorties au moment où la pluie avait cessé ; mais elles devaient revenir bientôt, et avaient fait promettre à leur mère de garder Alice jusqu'à leur retour. Elle n'était pas seule; d'autres visiteurs venaient d'arriver : c'étaient madame Croft et son frère le capitaine Wentworth. Ce dernier causait avec son ami Harville; madame Croft et madame Musgrove s'entretenaient ensemble de leur côté; Alice se plaça près d'elles, et sentit revenir toutes ses agitations de la veille, qu'elle avait cherché à oublier, en s'efforçant de penser à autre chose; mais au moment où elle aperçut Wentworth, elle retrouva le même battement de cœur, la même émotion, les mêmes incertitudes, enfin ce qui la rendait à-la-fois si heureuse et si malheureuse en présence de Frederich; elle aurait pu dire : C'est un bonheur plein de tourmens, ou un tourment plein de bonheur. Il l'avait saluée de loin sans s'avancer. Deux minutes après, elle entendit qu'il disait à Harville : « Nous allons, si vous le voulez, écrire la lettre dont vous m'avez parlé; procurez-moi du papier et une écritoire. »

Il y avait tout ce qu'il fallait sur une table séparée; il y alla, et s'y établit en tournant le dos à la compagnie.

Madame Musgrove racontait à madame Croft l'histoire du mariage de sa fille aînée, sans omettre la moindre circonstance, et d'un ton de voix qu'on croit être confidentiel, et que tout le monde peut entendre. Alice n'était pour rien dans cette conversation ; elle aurait voulu parler au capitaine Harville, mais il ne s'approcha pas d'Alice : il fallut donc qu'elle écoutât patiemment le récit de maman Musgrove, qu'elle avait déjà entendu la veille.

Après avoir raconté jour par jour les pourparlers avec sa sœur Hayter et avec son beaufrère : « Nous n'y voulions pas absolument consentir, ajouta-t-elle; il nous semblait que notre Henriette, avec sa figure et sa parfaite éducation, pouvait prétendre à un meilleur parti que George, joli garçon, il est vrai, plein d'esprit et de talens, et en bon chemin pour obtenir un bénéfice, mais il ne l'a pas encore; et donner ainsi une jeune fille au premier homme qu'elle aime ou croit aimer, il y avait là bien des choses à dire : qu'en pensez-vous, madame Croft? »

Alice trouva un intérêt inattendu dans cette conversation qui lui rappelait le temps de son amour, où lady Russel lui disait exactement ce que madame Musgrove venait de dire ; elle attendit avec un grand battement de cœur ce que madame Croft allait répondre, et ne put s'empêcher de jeter un regard sur Wentworth : sa plume s'était arrêtée et sa tête élevée dans l'attitude de quelqu'un qui écoute; il la tourna de son côté, Alice eut le temps de saisir un regard, qui lui rappela encore ceux du jeune Frederich. Madame Croft, interpellée sur son opinion, la donnait avec sa franchise accoutumée. « Non, ma chère dame, disait-elle, non, en vérité, je ne pense pas ainsi : pourquoi mettre au hasard le bonheur de son enfant lorsque l'occasion se présente de l'assurer ? Et le bonheur peut-il commencer trop tôt ? J'ai souvent regretté les années que j'avais passées sans connaître mon mari ; d'après ce que vous me dites et ce que j'ai entendu dire de M. votre neveu, votre Henriette ne pouvait trouver un meilleur parti, un homme qui la rendît plus heureuse. C'est quand une jeune personne a fait un mauvais choix que l'autorité doit intervenir ; mais quand ce choix tombe sur un homme estimé, vertueux, agréable, ayant, comme vous le dites, le désir et les moyens de s'avancer, que faut-il de plus? Beaucoup de fortune, un titre, peut-être ? Est-ce que cela rend heureux quand le cœur n'y est pour rien ? Je vois avec plaisir, madame Musgrove, que vous pensez comme moi, puisque vous avez consenti à ce mariage, et je vous en félicite.

—Oui, oui, dit madame Musgrove, j'ai considéré tout cela; j'ai dit à M. Musgrove : « Mon neveu mourra de chagrin, Henriette en perdra la tête, ainsi je pense qu'il vaut mieux les marier; il y consentit, parla alors de les engager l'un à l'autre, et d'attendre pour le mariage que George eût un bénéfice; il voulait le faire voyager en attendant, pour lui faire prendre patience; mais c'est à cela surtout que je me suis opposée; je déteste les longs engagemens pris à l'avance : qu'en pensez-vous, madame Croft? Moi, j'ai toujours protesté contre pour mes enfans. Qu'arrive-t-il? On se sépare : l'un des deux, et c'est presque toujours l'homme, s'ennuie, aime peut-être ailleurs; et que devient alors la pauvre fille si elle est restée fidèle? Non, je ne voulais pas voir ma jolie Henriette victime d'une pension malheureuse, et j'ai dit à M. Musgrove qu'il valait mieux les marier. Sa sœur épouse le capitaine Bentick, ajoutai-je, voulez-vous qu'une de vos filles soit heureuse et que l'autre ne le soit pas? Il a trouvé que j'avais raison, et tout s'est arrangé.

—Il faudrait qu'on agît toujours ainsi, dit madame Croft, on verrait plus de gens heureux : il semble aux parens que huit ou dix ans d'absence, d'inquiétude, d'attente, ne sont rien ; ils oublient trop souvent qu'ils ont été jeunes ; pour moi, je déclare que, si j'avais eu des enfans, j'aurais beaucoup mieux aimé les établir jeunes, même avec un petit revenu, travaillant de concert à l'augmenter, que de les voir user leur jeunesse en projets, en espérances déçues, et épouser quelqu'un de riche qui ne les eût pas aimés. »

Alice n'entendait plus ce qu'on disait ; un frisson nerveux parcourait ses veines ; sa tête, son cœur, étaient dans une confusion extrême ; sa situation venait d'être peinte avec une vérité frappante : « Ah ! pensait-elle, si mon père et si lady Russel avaient eu ces opinions, depuis combien d'années je serais heureuse ! et à présent je ne le serai jamais. » Ne voulant pas s'appesantir sur cette idée, elle se leva et fut joindre le capitaine Harville, qui lui fit signe de venir près de lui ; il la regardait avec un sourire et un petit mouvement de tête qui semblaient indiquer qu'il voulait lui dire quelque chose d'intéressant pour elle : sa manière si naturelle, si amicale, renforçait cette invitation. Elle alla donc près de lui dans l'embrasure d'une fenêtre, à l'autre bout de la chambre ; la table où Wentworth écrivait encore était entre deux, mais plus près de cette fenêtre que du sopha où les deux dames étaient assises. Elles parlaient à présent d'Alice et de ses mérites, sur lesquels elles étaient aussi d'un accord parfait. « Je voudrais qu'elle fût bien mariée, dit madame Musgrove, qui était en train de marier tout le monde : on dit qu'elle doit épouser son cousin Elliot ; le connaissez-vous ?

— Non, répondit froidement madame Croft, mais ce n'est pas le mari que je lui désire. »

Laissons ces bonnes dames causer ensemble, et revenons à l'embrasure de la fenêtre avec cette aimable Alice et l'excellent capitaine Harville. Il ne souriait plus : sa physionomie avait repris son expression accoutumée de sensibilité et de mélancolie. « Je voulais vous montrer ceci, dit-il en déployant un morceau de papier qu'il tenait à la main, et lui présentant une miniature : reconnaissez-vous cette personne ?

— Certainement, c'est le capitaine Bentick.

— Oui, c'est lui ; et vous devinez à qui il est destiné ? Mais, ajouta-t-il avec un accent ému et douloureux, il n'a pas été fait pour

Louisa. Vous rappelez-vous, miss Elliot, notre promenade à Lyme, l'intérêt que vous preniez à la profonde tristesse de mon malheureux ami? Je vous parlais de ce qui la causait, et, tout en la comprenant, je m'affligeais de sa force et de sa durée; je ne pensais pas alors que dans un temps si court il serait plus que consolé : mais ne parlons plus de cela. Ce portrait a été fait au Cap : il rencontra là un jeune artiste allemand, et pour remplir une promesse faite à ma sœur, il fit peindre cette miniature, qu'il apporta lui-même pour celle qui n'existait plus, et me la laissa. A présent il me la redemande, et me charge de la faire monter, pour l'offrir à celle qui succède à ma sœur dans ses affections. Etait-ce à moi qu'une telle commission devait être donnée, à moi qui pleure encore cette sœur chérie? Mais à qui pouvait-il s'adresser? Et ne prouve-t-il pas par là qu'il croit mon amitié pour lui bien plus solide que son amour? Le bon Wentworth écrit à Londres pour cet objet. » Sa voix baissa, et ses lèvres tremblantes ajoutèrent : « Pauvre Fanny! elle ne l'aurait pas oublié si tôt!

— Non sûrement, répondit Alice avec sensibilité, je puis aisément le croire.

— La légèreté n'était pas dans son caractère, reprit Harville ; elle l'adorait, et comptait sur sa constance comme sur la sienne propre.

— La légèreté, dit Alice, n'est jamais naturelle chez une femme qui aime véritablement. »

Harville sourit, et dit : « Réclamez-vous la constance comme un droit de votre sexe ? »

Elle sourit aussi, mais répondit avec fermeté : « Oui, sans aucun doute ; nous n'oublions pas aussi facilement que vous ce qui nous fut cher une fois ; peut-être est-ce chez nous une suite de nos devoirs, de notre éducation plutôt qu'un mérite : nous ne pouvons nous aider nous-mêmes à oublier nos sentimens ; nous restons chez nous avec eux ; ils occupent notre souvenir, et s'emparent entièrement de notre cœur, tandis que les hommes sont forcés à se distraire. Vous avez des vocations, des affaires qui vous entraînent ; vous voyez d'autre objets ; et le monde et des occupations continuelles ont bientôt effacé une première impression.

— Je vous accorde, répondit Harville, que les hommes qui vivent dans la dissipation du grand monde ont plus occasion d'être inconstans, quoique je ne croie pas cette règle générale; il y a des sentimens imprimés si fortement dans le cœur, que ni le temps, ni l'absence, ni le tumulte du monde ne peuvent les effacer. »

Alice ne put retenir un profond soupir. Harville continua : « Bentick ne put alléguer l'excuse des distractions de son état ou du monde; la paix l'a laissé dans l'inaction au moment où il perdit ma sœur, et depuis il a toujours vécu avec nous dans notre petit cercle de famille.

— C'est vrai, très-vrai, répondit Alice, je ne m'en souvenais pas; mais cela même renforce mon opinion : le changement, l'oubli, sont sans doute dans la nature des hommes; il leur faut plus que le souvenir pour animer et remplir leur vie. Fanny n'existait plus, un autre objet s'est présenté et a pris sa place. Bentick n'est pas plus coupable que ne l'aurait été tout autre homme : l'oubli, la légèreté, sont dans la nature de votre sexe.

— Je le nie absolument, dit Harville : je ne vous accorderai jamais qu'il soit plus facile aux hommes qu'aux femmes d'être inconstans, et d'oublier celles qu'ils aiment ou qu'ils ont vraiment aimées; car il ne faut pas confondre l'amour véritable avec des caprices, des préférences, des coquetteries, qui sont égaux chez les deux sexes, et se succèdent les uns aux autres; mais quant à l'amour, j'avoue que je crois, au contraire, qu'il est plus vif et plus durable chez les hommes que chez les femmes; je crois qu'il y a une analogie, un rapport entre les forces vitales et morales, et que notre nature physique étant plus forte que la vôtre, il en est de même de nos sentimens, qui supportent sans s'affaiblir le choc des circonstances, comme nous supportons les orages et les tempêtes.

— Vos sentimens peuvent en effet être plus forts, plus violens, répliqua Alice; mais les nôtres sont plus tendres et par conséquent plus durables. L'orage renverse le chêne, et le faible roseau plie et ne rompt jamais. Les hommes sont plus robustes que les femmes, et n'ont pas une aussi longue vie, ce qui explique exactement ce que je voulais dire sur la nature de leurs attachemens : j'irai plus loin; il serait trop dur pour vous qu'il en fût autrement; vous avez dans votre activité assez de difficultés, de privations et de dangers pour conserver votre existence; vous êtes toujours livrés au travail, exposés à mille périls; vous quittez votre maison, votre pays, vos amis; ni votre temps, ni votre santé, ni même votre vie, ne vous appartiennent; vous seriez aussi trop malheureux, si vous ajoutiez encore à tant de fatigues et de peines la sensibilité des femmes, et les tourmens qu'elle leur cause.

— Nous ne nous entendrons jamais sur cette question, dit Harville ; mais je crois et je sens..... » Un léger bruit attira leur attention du côté du capitaine Wentworth, qui jusqu'alors avait été fort tranquille; sa plume était tombée, il poussait un peu la table pour la relever. Alice fut effrayée de voir qu'il était plus près d'eux qu'elle ne l'avait cru; elle eut un léger soupçon que la chute de la plume avait été causée par un moment de distraction. Wentworth avait sans doute voulu les écouter; mais ils n'avaient parlé qu'à mi-voix, et la distance était encore assez grande pour espérer qu'il n'avait rien entendu. Il ramassa sa plume et se remit à écrire.

« Avez-vous fini votre lettre? dit le capitaine Harville.

— Pas encore, répondit Wentworth, mais je n'ai plus que quelques lignes; je ne vous demande que cinq minutes.

— A votre aise, dit en riant Harville (en montrant Alice), rien ne me presse; je suis dans un bon parage, où j'ai tout à souhait, et je ne me soucie pas de lever l'ancre ; donnez-moi le signal du départ le plus tard que vous pourrez, mais alors je serai à vos ordres. Je voulais donc vous persuader, chère miss Elliot, dit-il en se retournant vers elle, et baissant la voix, que nous ne serons jamais d'accord sur la légèreté de l'un ou de l'autre sexe ; chacun doit défendre le sien ; mais laissez-moi seulement vous faire observer que tous les auteurs, toutes les épigrammes sont contre vous. Si j'avais autant de mémoire que Bentick, je pourrais vous faire cinquante citations ; je ne crois pas avoir ouvert un livre en ma vie sans y trouver quelque satire contre les femmes et leur légèreté : chansons, proverbes, tout parle d'elles, tout les accuse. Vous allez peut-être me dire que tout cela est écrit par des hommes ; preuve de plus contre votre sexe : c'est parce qu'ils ont souffert de votre inconstance qu'ils se vengent en la faisant connaître.

— Non, non, s'écria Alice ; la malice, la méchanceté, ne prouvent rien que contre ceux qui calomnient. Sans doute il n'y a pas de règle sans exception, et je ne prétends pas dire que jamais aucune femme n'a suivi votre exemple, mais seulement que l'inconstance est plus naturelle aux hommes qu'aux femmes : ainsi l'a voulu la nature. Les hommes ont bien de l'avantage en faisant leur propre histoire ; ils médisent des pauvres femmes, ils osent tout dire, et les femmes n'osent répondre ; l'attaque et la défense leur sont interdites au tribunal du public ; la femme assez hardie pour entrer en lice semblerait, par cela seul, mériter l'accusation : les hommes, d'ailleurs, et surtout ceux qui écrivent, ont reçu une éducation qui leur offre les moyens de persuader ce qu'ils imaginent, et qu'ils donnent pour des vérités : combien d'erreurs ont été propagées par la plume de tels écrivains ! Non, je ne vous accorde point que les livres soient une preuve contre nous.

— Alice, répondit le capitaine Harville, je consens à ne point ajouter foi aux ouvrages qui médisent des femmes, mais quelles preuves aurons-nous donc ?

— Aucune ; c'est une différence d'opinion qui n'admet pas de preuve. Nous avons tous deux sans doute un peu de prédilection pour le sexe auquel nous appartenons ; chacun de nous pourrait citer comme preuve de ce qu'il avance quelque trait de constance ou d'infidélité dont il a été le témoin ; mais outre que des cas particuliers ne sont rien pour la généralité, il y a toute apparence que les traits qui nous ont le plus frappés sont précisément ceux qu'on ne peut répéter sans trahir une confidence, ou sans dire ce qu'on doit taire : ainsi, mon cher capitaine, nous resterons chacun dans notre opinion, puisque nous ne pouvons nous convaincre mutuellement.

— Ah! s'écria-t-il avec l'expression de la plus vive sensibilité, je ne désespérerais pas de vous ramener à la mienne, si je pouvais vous faire comprendre ce qu'un marin souffre quand le signal du départ est donné, qu'il jette un dernier regard sur sa femme et sur ses enfans; quand, debout sur le pont du bâtiment qui va l'éloigner de tout ce qu'il aime, il suit de l'œil le bateau dans lequel il les renvoie, qu'il le voit enfin disparaître à sa vue, et qu'il se dit avec le plus affreux déchirement de cœur : Dieu sait si nous nous reverrons jamais! Si je pouvais vous peindre l'excès de son bonheur quand il est près de les revoir! Il dévore alors les minutes qui les séparent encore. Obligé quelquefois d'aborder à un autre port que celui où il les a laissés, il calcule quel jour il est possible qu'ils viennent le rejoindre; et lorsqu'il les voit arriver, comme si le ciel leur avait donné des ailes, avant l'instant où il espère les retrouver, non, miss Alice, aucune femme au monde ne peut sentir ce qu'un mari, un père éprouve dans un tel moment; tous les êtres chéris dont il était privé lui sont rendus à-la-fois. Oh! que ne puis-je vous faire comprendre ce qu'un homme peut faire et supporter pour l'amour de ces êtres si nécessaires à son existence! Vous verriez, miss Alice, qu'ils savent aimer autant et plus que les femmes : je ne parle ici que des hommes qui ont un cœur. » (En disant cela, il montrait le sien avec émotion.)

Alice était aussi très-émue; des larmes bordaient ses paupières; ce tableau si animé des sentimens d'un tendre époux, d'un bon père, pénétrait son âme. C'est ainsi que serait Wentworth, pensait-elle, mais jamais nous ne nous serions séparés; ainsi que sa sœur, j'aurais partagé les dangers de mon époux. « Ah! s'écria-t-elle enfin, si tous les hommes vous ressemblaient, mon cher capitaine, combien les femmes seraient heureuses et constantes! Que le ciel me préserve de douter de la vraie sensibilité, de la chaleur de vos sentimens, et de supposer qu'un attachement véritable et fidèle n'existe que chez les femmes! Oui, je crois que les hommes qui ont un cœur comme vous le dites sont capables de tout ce qu'il y a de grand et de beau dans la vie ; je les crois également susceptibles de tout ce qui demande de la force, du courage, susceptibles de goûter les douces jouissances de la vie domestique, tant que la femme qu'ils aiment vit et ne vit que pour eux. Hélas! le privilége que je réclame pour mon sexe n'est, certes, pas à envier ; c'est d'aimer encore, d'aimer toujours quand l'existence ou l'espoir est évanoui, quand celui... » Elle ne put achever, la parole expira sur ses lèvres; son cœur était plein, et sa poitrine oppressée.

« Vous êtes une excellente femme ! s'écria le bon Harville en mettant sa main sur le bras d'Alice, heureux celui qui saura mériter un cœur comme le vôtre ! Je ne veux plus quereller avec vous. Quand je pense à Bentick, je ne trouve rien à dire en faveur de la constance des hommes, et quand je vous vois et vous entends, je baisse pavillon devant les femmes. Mais convenez au moins que les hommes sont bons amis. Regardez Wentworth : quel zèle il met à la commission dont je l'ai chargé ! Ne dirait-on pas qu'il s'agit pour lui de l'affaire la plus importante ? Je ne comprends pas qu'il y ait tant de choses à expliquer pour faire monter un portrait. »

Alice ne répondit rien ; elle pensait, dans ce moment, que peut-être il était plus cruel encore de donner cette commission à Wentworth qu'au frère de Fanny, et que le temps qu'il mettait à écrire était une preuve qu'il lui en coûtait. Si elle eût été seule avec le capitaine Harville, elle n'aurait pas hésité à le lui dire ; mais si près de Wentworth, dans la même chambre, c'était bien impossible ; elle resta donc silencieuse. On aurait dit que le capitaine Harville devinait sa pensée ; il se rapprocha, et, baissant la voix de manière à n'être entendu que d'elle, il lui dit en souriant : « Je vous rappellerai encore Lyme ; aucun de nous n'aurait pu croire alors que Wentworth serait chargé d'envoyer à Louisa Musgrove un autre portrait que le sien : eh bien ! nous étions tous dans l'erreur. Je ne tardai pas à voir que cet amour prétendu n'était, des deux côtés, que dans la tête et non dans le cœur. Le pavé du cobb fut pour tous deux la pierre de touche : ne le pensez-vous pas ainsi, miss Elliot ? » Elle fut dispensée de répondre.

Dans ce moment, madame Croft se leva pour prendre congé de la compagnie ; elle s'approchait d'Alice, qui la prévint, et fut au-devant d'elle. Après les adieux réciproques, elle dit à son frère qui fermait sa lettre : « Je vous laisse ici, Frederich, je retourne chez moi, et vous avez un engagement avec votre ami. Ce soir, nous aurons tous le plaisir de nous rencontrer au thé de votre sœur, ajouta-t-elle en s'adressant à Alice; nous reçûmes ses cartes hier, et j'apprends que Frederich en a une aussi. Avez-vous accepté, mon ami ?

— Oui, ma sœur; je voudrais vous accompagner, mais Harville et moi nous vous suivrons bientôt. Harville, si vous êtes prêt, je suis à vous dans une minute; je sais que vous ne serez pas fâché que ce soit une chose faite. »

Madame Croft partit, et Wentworth, ayant cacheté sa lettre avec une grande vivacité, s'écria : « Je suis prêt. » Il y avait quelque chose de pressé, d'agité dans sa manière, qu'Alice ne savait comment interpréter, il témoignait une grande impatience de sortir. Elle reçut du capitaine Harville le salut le plus amical, et de lui pas une parole; pas un regard; il était sorti de la chambre sans faire à elle la moindre attention. Il était si pressé, qu'il avait oublié, sur la table où il écrivait, ses gants et son mouchoir. Alice le remarqua, s'arrêta un instant, releva un des gants qui était tombé, et le remettait sur la table quand des pas d'homme se firent entendre, la porte s'ouvrit, c'était Wentworth qui revenait. Il s'excusa, dit qu'il avait oublié ses gants, et, s'approchant de la table de manière à tourner le dos à madame Musgrove, il sortit une lettre non cachetée de dessous une feuille de papier brouillard, et la plaça devant Alice sans dire un seul mot; mais son regard, attaché sur elle, la suppliait de la lire; il prit ensuite ses gants et son mouchoir, les mit dans sa poche, et fut hors de la chambre presque avant que madame Musgrove eût vu qu'il était rentré. Tout cela fut l'affaire d'un instant. La révolution que cet instant avait produite sur Alice était au-dessus de toute expression; la lettre avec l'adresse à *miss Alice Elliot* était évidemment celle qu'il venait d'écrire, et qu'il pliait avec tant de précipitation. Pendant qu'elle le croyait uniquement occupé de la commission de son ami, c'était à elle qu'il adressait ses pensées. Du contenu de cette lettre qu'elle tient dans ses mains tremblantes sans oser encore l'ouvrir, dépend l'éternel bonheur ou le malheur de sa vie entière; tout est possible, tout est incertain. Elle jeta un regard sur maman Musgrove, qu'elle vit occupée de quelques petits arrangemens assez minutieux pour qu'elle eût le temps de lire ; elle s'assit sur la chaise qu'il avait occupée, appuyée sur la même table où il vient de lui écrire cette lettre qu'elle dévore d'abord des yeux, et qu'elle lit ensuite. La voici :

« Je ne puis écouter plus long-temps en si-
» lence, je n'ai aucun autre moyen de vous
» parler ; il faut que vous lisiez encore dans ce
» cœur qui vous était ouvert, où vous ne trou-
» viez que votre image et mon amour; vous
» les y trouverez encore, et ce cœur est tou-
» jours le même. Vous percez mon âme.
» Alice, par ce que vous dites à Harville. Oh !
» s'il était vrai, si, en parlant de la constance
» des femmes, vous pensiez à vous-même ! Je
» veux écrire, je veux vous entendre, et je
» suis entre l'agonie et l'espoir. Dites-moi que
» ce n'est pas trop tard, que je puis retrouver
» le bien qui me fut arraché ; que ces précieux
» sentimens ne sont pas anéantis pour tou-
» jours : quand je retrouve les mêmes traits
» gravés pour toujours dans mon âme, ce son
» de voix qui y pénétrait délicieusement, ces
» sentimens si nobles, si purs, le cœur seul
» serait-il changé ? Je l'ai cru quelques ins-

» tans, et j'étais bien malheureux ! Mais un
» rayon d'espoir rentre dans mon âme, chère
» Alice; je m'offre encore à vous avec un cœur
» plus que jamais votre bien, que vous avez
» presque brisé il y a huit ans, mais qui n'a pu
» se détacher de vous. Oh ! pourquoi osez-
» vous insister avec tant de force sur l'incons-
» tance des hommes? Je suis la preuve du con-
» traire ; malgré mon désir continuel de vous
» oublier, je n'ai pu y parvenir, et je n'ai ja-
» mais aimé que vous. J'ai été injuste, or-
» gueilleux, vindicatif peut-être, mais jamais
» inconstant! A Upercross, je voulais me ven-
» ger de vos refus, de votre froideur, et je ne
» suis parvenu qu'à vous aimer plus que ja-
» mais, sans espoir de pouvoir vous plaire en-
» core; je n'ai pas même voulu l'essayer : un
» second refus.... Alice, pensez-y bien! Le
» premier m'éloigna huit années, le second
» m'éloignerait à jamais. N'avez-vous pas vu
» que je n'étais venu à Bath que pour vous ?
» N'avez-vous pas compris mes vœux, ma ja-
» lousie, mes espérances? Ne les trompez pas,
» au nom du ciel ! Je n'aurais pas attendu ces
» dix mortels jours sans vous offrir entière-
» ment mon cœur, si j'avais lu dans le vôtre
» comme il me semble que j'y lis à présent,

» comme vous lisez dans le mien. Je puis à
» peine écrire.... J'entends à chaque instant
» des mots qui me déchirent et m'enchantent...
» Vous baissez la voix, mais je puis distin-
» guer chaque son de cette voix chérie et si
» bien connue : un autre ne vous entendrait
» pas, peut-être; mais moi! N'est-ce pas ainsi
» que vous parliez à votre heureux Wentworth
» quand vous lui disiez que vous l'aimeriez tou-
» jours?.. Vous l'avez dit et senti!... Vous le
» direz, vous le sentirez encore. Déjà vous
» nous rendez justice, vous croyez qu'il peut
» existcr un véritable attachement et de la
» constance parmi les hommes, croyez donc à
» celui si pur, si vrai et si inaltérable de votre

» Frederich Wentworth. »

P.-S. « Il faut que je sorte incertain de
» mon sort, ne sachant pas même si vous trou-
» verez cette lettre ; mais je reviendrai bien-
» tôt, et je ne vous quitterai pas que je n'aie
» obtenu un mot ou un regard : ce sera assez
» pour décider si je dois aller ce soir chez votre
» père ou m'éloigner à jamais. »

CHAPITRE XII

ET DERNIER.

Cette lettre bouleversa absolument l'heureuse Alice, une demi-heure de solitude et de réflexion l'aurait tranquillisée; mais les sept ou huit minutes qui s'écoulèrent avant d'être interrompue n'eurent aucun effet sur elle. Chaque moment augmentait encore son agitation: un bonheur si complet, si inattendu! être encore la compagne choisie de ce Wentworth tant aimé, tant regretté! Elle croyait rêver, et n'avait pas encore l'usage de ses sens, quand Charles, Maria et Henriette entrèrent.

L'absolue nécessité d'être avec eux comme à l'ordinaire produisit chez elle un violent effort; mais bientôt après, toutes ses idées devinrent confuses; elle n'entendait pas un mot de ce qu'on lui disait, et fut forcée de supposer une indisposition subite. Il était aisé de voir qu'elle était très-souffrante; ses amis furent effrayés, consternés, et ne voulurent pas la quitter un instant : c'était cruel pour elle, qui aurait donné le monde entier pour être seule quelque temps, et se convaincre, par une seconde lecture de la lettre, que ses yeux et son cœur ne l'avaient pas trompée. S'ils avaient bien voulu retourner à leurs emplettes, emmener à sa place la bonne maman, et la laisser en possession de cette chambre, elle aurait été bientôt guérie; mais les avoir tous autour d'elle, s'agitant, la questionnant, indiquant mille remèdes qui ne pouvaient guérir son mal, était un supplice qu'elle ne pouvait supporter. De désespoir, elle dit qu'elle voulait retourner chez elle, et n'eut pas prononcé ces mots, qu'elle s'en repentit ; elle allait manquer peut-être l'occasion de voir Wentworth, et de lui répondre par un *mot,* par un *regard* comme il le lui demandait.

« Oui, certainement, ma chère, dit maman Musgrove, il faut que vous alliez chez vous vous reposer, vous guérir pour pouvoir paraître ce soir; mais vous n'irez pas à pied : Charles, sonnez pour demander une chaise à porteurs. »

C'était précisément ce qu'Alice ne voulait pas ; une chaise lui ôtait encore la chance de rencontrer Wentworth dans sa solitaire promenade; elle était presque sûre qu'il s'y trouverait dans ce but; elle protesta donc qu'elle ne voulait point de chaise, assurant qu'elle était sûre que l'exercice lui ferait du bien. Mais une autre contrariété l'attendait: son beau-frère ne voulut pas la laisser aller seule; et, quoiqu'il eût un rendez-vous avec un armurier pour acheter un excellent fusil de chasse, il en faisait volontiers le sacrifice. Alice, qui ne désirait que d'être seule, eut beau refuser, madame Musgrove insista, ordonna, il fallut donc accepter avec une apparente reconnaissance; mais avant de partir, pour n'omettre aucune précaution, elle eut soin de dire qu'elle craignait que les deux capitaines Harville et Wentworth n'eussent oublié l'invitation du soir chez son père. « Je vous en conjure, madame Musgrove, dit-elle, s'ils reviennent chez vous, comme je le pense, soyez assez bonne pour la leur rappeler, et de leur dire que nous espérons les voir tous les deux.

— Oui, ma chère, mais c'est tout-à-fait entendu, je vous en donne ma parole, et je vous réponds du moins de votre favori le capitaine Harville; il a trop de plaisir à causer avec vous pour n'être pas sûr de lui : quant à Wentworth.... je crois aussi qu'il viendra.

C'est égal ; ne manquez pas de leur renouveler l'invitation de ma part ; Elisabeth s'en prendrait à moi si l'un des deux manquait. » On lui promit, et elle partit plus tranquille ; lors même que Wentworth ne viendrait pas, elle était décidée d'ouvrir son cœur au bon capitaine Harville, qui lui ramenerait bientôt son ami.

Elle donna le bras à Charles, et n'eut pas l'embarras de lui parler ; il n'était occupé que de son fusil et de la crainte de manquer l'occasion de l'acheter ; mais n'importe, il aimait encore mieux sa chère sœur Alice, et dès qu'elle serait arrivée à Cambon-Place, il avait le projet de courir chez l'armurier.

Ils étaient environ à moitié chemin, quand des pas précipités se firent entendre derrière eux. Alice n'osa tourner la tête, mais son cœur lui dit que c'était Wentworth, et ne la trompa pas ; il les joignit bientôt, les salua sans dire un mot, mais chercha sa réponse dans les yeux d'Alice, la trouva telle qu'il pouvait le désirer ; son doux sourire, la rougeur de ses joues, si pâles un instant auparavant, ne lui laissèrent aucun doute. Que n'aurait-il pas donné pour être seul avec elle !

« Capitaine Wentworth, lui dit Charles,

après avoir eu l'air de réfléchir, où allez-vous en ce moment? A Gay-Street, à Belmont, peut-être?—Je puis à peine vous le dire, répondit Wentworth un peu surpris : pourquoi me demandez-vous cela?

—Si vous aviez passé près de Camben-Place, je vous aurais prié...; mais je ne veux pas vous gêner, et nous y serons bientôt.

—Et de quoi m'auriez-vous prié? dit Wentworth ; je suis fort à votre service.

—Vraiment, vous êtes trop obligeant! Je vous aurais prié de donner le bras à ma sœur Alice jusque chez elle. Elle s'est trouvée mal ce matin chez ma mère ; elle tremblait comme une feuille ; elle était pâle comme la mort ; la promenade lui a déjà fait du bien ; elle a repris ses belles couleurs; mais voyez, elle tremble encore et ne pourrait marcher seule. Acceptez le bras du capitaine, ma sœur ; il vaut bien le mien, et moi je cours chez mon armurier m'emparer de mon fusil ; je vous le prêterai un jour, capitaine, en échange du plaisir que vous me faites. » Il céda le bras d'Alice à son obligeant ami, et fut en une minute au bout de la rue. Alice et Frederich marchaient lentement ; ils entrèrent dans une allée plantée d'arbres, et dans laquelle se trouvaient des bancs ; ils s'assirent près l'un de l'autre. Après quelques mots sans suite, ils commencèrent une conversation qui fut le prélude du bonheur qui les attendait; ils échangèrent de nouveau les aveux et les promesses qui les avaient rendus si heureux une fois, et qui avaient été suivis de tant d'années de séparation et de regrets ; ils revinrent sur le temps passé, et se crurent rajeunis de huit ans, tant il leur semblait impossible qu'ils eussent jamais pu être étrangers l'un à l'autre un seul instant. Ils étaient peut-être plus heureux encore dans leur réunion que lors de leurs jeunes amours, moins passionnés, mais plus tendres, plus attachés l'un à l'autre par la connaissance approfondie de leurs caractères, plus assurés de s'aimer éternellement.

Alice avoua qu'elle avait peut-être cédé trop facilement aux persuasions de lady Russel, et promit d'être aussi ferme qu'elle avait été faible et soumise en apparence; car jamais son cœur n'a changé, et le bonheur de pouvoir le dire à celui qu'elle a toujours aimé efface tout ce qu'elle a souffert.

Wentworth explique à son tour sa conduite. Blessé en proportion de son amour, il se crut aimé bien faiblement de la jeune personne qui n'avait rien fait pour se conserver à lui ; il désira sincèrement l'oublier : l'absence, les voyages et les campagnes sur mer, lui donnèrent l'espoir d'y avoir réussi : il croyait être indifférent, parce qu'il était aigri ; mais il persiste à lui jurer que jamais il n'avait aimé qu'elle. Il avouait cependant que c'était malgré lui qu'il avait été constant, et qu'il s'était irrité quelquefois contre elle et contre lui-même de ne pouvoir l'oublier, lui préférer une autre femme ; mais toutes perdaient à la comparaison qu'il ne pouvait s'empêcher de faire. Lorsqu'il la revit à Upercross, il la trouva bien changée à son égard ; froide, silencieuse, elle semblait craindre plutôt que désirer de se rapprocher de lui, et il pensa que le moment de sa guérison était arrivé ; aidé d'ailleurs par les avances des jeunes Musgrove, il ne doutait plus d'oublier celle qu'il avait tant aimée. Oh ! combien le cœur d'Alice battit à cet aveu de Ventworth ! et pourtant sa franchise augmentait sa confiance en lui. « Cette froideur, lui dit-elle en souriant, cachait un cœur bien déchiré ; mais continuez : vous étiez donc résolu à oublier la pauvre Alice ?

— Oui, et c'est précisément ce qui n'arriva pas, dit Wentworth : la frivolité, l'étourderie, la nullité de ces jeunes filles, comparées chaque jour à votre douceur, à votre modestie, à votre parfaite raison, à vos attentions continuelles pour les autres, à votre oubli de vousmême, à l'égalité de votre humeur; tout, jusqu'à cette teinte de mélancolie que je prenais pour de l'indifférence, m'attachait à vous chaque jour davantage. Je n'osais vous le dire, je craignais un second refus; alors ma colère, le souvenir de la faiblesse avec laquelle vous m'aviez abandonné et laissé rejeter avec hauteur par votre famille sans élever la voix en ma faveur, se réveillaient avec tant de force, que je me croyais près de vous haïr : plus je sentais combien j'aurais été heureux avec une femme comme vous, plus j'étais irrité. C'était alors que, pour m'étourdir et triompher d'un sentiment que vous aviez dédaigné, je faisais tous mes efforts pour m'attacher à Louisa ; je riais, je folâtrais avec elle, mais jamais mon cœur n'a été touché. Un instant de réflexion me montrait qu'elle ne pouvait supporter la moindre comparaison avec la femme que j'avais perdue sans retour sans doute, puisque, par mon orgueil et mon ressentiment, j'avais manqué l'occasion de regagner son cœur, et que j'avais peut-être blessé celui d'une fille que je ne pouvais aimer, quelque effort que je fisse pour m'attacher à elle. J'étais dans cette disposition d'esprit, lorsque la partie de Lyme eut lieu. Soit que vous fussiez électrisée par ce voyage, qui vous faisait plaisir, soit par une autre cause, vous n'aviez jamais paru plus à votre avantage; vous étiez gaie, animée, parfaitement aimable, et, à mon avis, mieux de figure qu'à vingt ans. Je ne fus pas le seul qui pensa ainsi. Votre rencontre avec M. Elliot, qui jeta un regard d'admiration sur vous, me fit éprouver une impression à la fois très-douce et très-pénible. Vous le saluâtes poliment; son extérieur parut vous plaire, et j'étais au supplice! Je résolus alors de vous ouvrir mon cœur, de chercher à rallumer dans le vôtre une étincelle de cet amour dont vous m'assuriez naguère : l'événement affreux qui survint anéantit toutes mes résolutions, toutes mes espérances. Je passe sur cet affreux moment, où je pouvais me regarder comme la cause de la mort de cette jeune fille; sans vous, Alice, je ne sais si j'aurais supporté cette affreuse pensée, mais vous existiez, et votre empire sur moi s'augmentait à chaque instant. Combien vous déployâtes de force d'âme, d'activité, de sensibilité! Mais en même temps mon admiration en redoublait, j'étais toujours plus convaincu de votre indifférence ; votre tendre sollicitude pour celle que j'avais paru aimer m'en semblait la preuve. Si Louisa revenait à la vie, si la préférence qu'elle avait paru m'accorder existait encore, j'étais décidé à lui consacrer mon existence, à réparer mon étourderie en soignant sa santé, qui ne se remettrait peut-être jamais ; je sentis qu'il fallait vous fuir pour qu'il me fût possible de remplir ce devoir. J'offris de ramener Henriette et Maria à Upercross, et je vous avoue que je fus consterné lorsque vous remplaçâtes cette dernière ; forcé d'être aussi près de celle que je devais quitter peut-être pour toujours, sans oser lui témoigner des sentimens qui ne pouvaient plus faire que son malheur et le mien, ce voyage devint un supplice, et je ne sais comment j'ai pu supporter tout ce qui déchira mon cœur. Je m'efforçais de m'occuper uniquement de Henriette, dont la vive douleur ajoutait encore à mes remords. Au moment d'arriver, je pris sur moi de vous questionner sur le meilleur moyen de prévenir les parens, et je trouvai une sympathie, un accord de pensées et de sentimens qui me rendait à la fois bien heureux et bien à plaindre. Je sentis en ce moment que si je voulais épouser Louisa, il ne fallait plus vous revoir : je repartis donc aussitôt pour Lyme. Louisa reprenait par degrés le sentiment de son existence ; les médecins répondirent enfin de sa vie, mais non de son rétablissement parfait, ils craignaient qu'elle ne fût très-long-temps faible et souffrante. Qui devait la soigner dans ce cruel état ? Celui qui en était la cause, et à qui peut-être elle avait donné son cœur. Tous nos amis nous croyaient engagés l'un à l'autre ; Harville et sa femme n'en doutaient pas, et leur intérêt pour la pauvre malade en devenait plus vif : j'aurais pu les désabuser ; mais à quoi bon, puisque j'étais décidé à me sacrifier moi-même à mon devoir, comme si j'avais été engagé ? Et jamais, je vous le jure, aucun mot d'amour ni d'union ne m'était échappé ; mais mes assiduités avaient pu le faire supposer. La famille, où j'étais déjà reçu comme un fils, le croyait sans doute, et peut-être Louisa elle-même ; je sentis, pour mon éternel malheur, que je n'étais plus libre de disposer de ma main, et qu'elle devait appartenir à Louisa si la vie lui était rendue. Je réfléchis sur mes torts, et je devais en porter la peine ; je n'avais, certes, pas le droit, pour obtenir mon propre repos, de risquer de troubler celui d'une jeune fille, et de compromettre son bien-être, et peut-être sa réputation. Je ne vis point Louisa : je craignais réellement que notre première entrevue ne lui causât une émotion nuisible à sa santé, et, dans le fond du cœur, je n'étais pas fâché de reculer le moment de perdre sans retour ma liberté. Je me déterminai à quitter Lyme, en attendant le rétablissement de Louisa et la décision de mon sort; j'allai chez mon frère Edward, où je passai six semaines. Il était aussi heureux qu'on peut l'être avec son aimable compagne, qui vous ressemble trop, chère Alice, par le caractère et toutes ses manières, pour que j'aie pu vous oublier. Je ne cessai de blâmer les suites funestes de l'orgueil insensé qui m'avait empêché de tâcher de reconquérir le bien que j'avais perdu, et la légèreté avec laquelle je m'étais précipité moi-même dans un abîme dont je croyais ne plus sortir. Edward me parlait souvent de vous, en regrettant amèrement que vous ne fussiez pas sa sœur et celle de sa douce compagne; il me demandait si vous n'aviez rien perdu de vos charmes, et ne soupçonnait pas que je vous voyais, s'il était possible, mieux encore que vous étiez à vingt ans. »

Alice sourit, en faisant de la tête un signe négatif, mais sans rien dire : cette flatterie, (si c'en était une) lui plaisait trop pour la lui reprocher. C'est toujours quelque chose de très-agréable, pour une femme de vingt-huit ans, d'entendre dire qu'elle n'a perdu aucun des attraits de sa jeunesse; mais la valeur de cet hommage était, surtout pour Alice, dans le sentiment qui le dictait. Wentworth continua sa narration, qui ne sera peut-être intéressante que pour celle qui l'écoutait; mais ce qui intéresse Alice doit toucher sans doute ceux qui ont appris à la connaître.

« J'avais, continua Wentworth, toutes les semaines des nouvelles de Louisa par Harville; elles étaient toujours plus rassurantes; je l'avais prié de m'avertir à l'instant où elle témoignerait le désir de me voir; cet avis n'arrivait point, et j'étais loin de m'en plaindre : il me disait aussi avec quel zèle et quel intérêt Bentick la soignait, et cherchait à l'amuser et à la distraire, en lui lisant des romans et des poésies. Je ne vis là que son humanité; son goût pour la lecture et la vie retirée d'une chambre de malade, le souvenir si récent de l'aimable Fanny Harville, me paraissaient une sauvegarde assurée. Je me trompais. Une lettre d'Harville m'apprit enfin que Bentick aimait éperdument Louisa ; qu'elle lui rendait amour pour amour; que si je n'y mettais obstacle, il était décidé à faire sa demande aux parens Musgrove, et si elle était accueillie, de se marier dès que la santé de Louisa serait rétablie. *Y mettre obstacle!* grand Dieu! c'est avec des transports de joie que j'appris cette nouvelle. Certainement que Bentick fut moins heureux en apprenant de la bouche de Louisa qu'elle l'aimait que je ne le fus en apprenant qu'elle ne m'aimait pas; que, dégagé des liens dont j'avais cru devoir me charger, je pouvais encore prétendre au bonheur, le tenter du moins, faire quelque chose pour y parvenir; être dans l'inaction, avec l'attente du malheur, est aussi trop cruel! A peine eus-je achevé la lettre d'Harville, que je m'écriai : Alice est à Bath, j'y serai mercredi, et j'y étais. Avant de partir, j'écrivis à Bentick et à Louisa, et tous deux durent voir, à la vivacité de mes félicitations, que je ne m'opposais pas à leur bonheur. » Alice crut qu'il avait fini, et se leva; mais les amans heureux sont très-babillards; Wentworth avait encore beaucoup de choses à dire, et sa compagne ne se lassait pas plus de l'écouter que lui de parler. « Je ne vous cacherai pas, dit-il, que je me suis mis en route avec quelque lueur d'espoir; l'événement inattendu qui me rendait ma liberté me paraissait un heureux augure; vous étiez libre encore; il n'était pas impossible que vous eussiez aussi des souvenirs du passé. Je savais que vous aviez été aimée et recherchée par un homme estimé de votre famille, puisqu'on lui a donné votre sœur cadette, et que vous l'aviez refusé; je ne pouvais m'empêcher de penser que c'était sans doute par rapport à moi. A peine eus-je embrassé ma sœur en arrivant, que je ressortis avec l'espérance de vous rencontrer; des personnes de ma connaissance m'entraînèrent dans un magasin; en ouvrant la porte, le premier objet qui frappa mes yeux fut mon Alice! Il est impossible que vous n'ayez pas remarqué mon trouble; il fut tel, que je pus à peine vous adresser la parole; mais, hélas! je ne crus voir en vous que de l'indifférence et de la froideur. Résolu cependant de m'entretenir avec vous, je vous offris mon bras pour retourner chez votre père, il fut refusé; vous attendiez votre cousin Elliot; il parut, et je le reconnus à l'instant pour celui sur qui vous fîtes à Lyme une impression si vive et si soudaine; il vous regardait toujours avec la même admiration.

Vous sortîtes ensemble, et les conjectures des dames avec lesquelles j'étais entré alimentèrent encore la dévorante jalousie qui s'était emparée de mon âme. Je fus un instant plus heureux au concert : cette soirée commença sous les meilleurs auspices; je vous parlais avec confiance, vous m'écoutiez avec intérêt; j'allais vous offrir entièrement mon cœur, quand nous fûmes interrompus. M. Elliot s'empara de vous; il vous parlait avec chaleur, vous lui répondiez de même; j'étais au supplice. Je tâchai cependant de me rapprocher de vous, après avoir surpris un regard qui semblait me chercher; j'eus encore un moment d'espoir, qui fut troublé de nouveau par votre heureux cousin; il ramena votre attention sur lui, et vous détourna du malheureux Wentworth. Ah! chère Alice, pensez à ce que je devais éprouver en vous voyant au milieu de ceux qui m'avaient repoussé, en voyant votre parent à côté de vous, libre de vous exprimer son amour, ayant pour lui tous les avantages, toutes les chances, toutes les probabilités, et l'approbation de tous ceux qui ont sur vous quelque influence! N'y avait-il pas là de quoi me rendre fou? Pouvais-je voir cela sans souffrir le martyre? La vue du présent, le souvenir du passé, me firent encore craindre cette influence exercée si puissamment sur vous, et qu'on pouvait employer en faveur de mon rival. Je vous quittai brusquement, presque résolu de céder à ma triste destinée, et de renoncer à celle que je ne pourrais jamais posséder.

—Ah! s'écria Alice, combien vous étiez injuste envers moi, en faisant du passé un sujet de crainte pour le présent! Si j'ai eu tort de céder jadis à la persuasion, rappelez-vous que je n'avais que dix-neuf ans, et qu'on m'avait habituée à suivre les volontés de tout ce qui m'entourait. Je crus remplir un devoir bien cruel, bien difficile, mais nécessaire : le cas était bien différent; nul devoir ne pouvait m'être présenté comme un motif d'épouser M. Elliot; en m'unissant à un homme que je n'aimais pas, je m'exposais à n'être jamais heureuse.

—Je ne pouvais raisonner aussi froidement, répliqua Wentworth; je ne voyais en vous que celle qui m'avait abandonné, qui avait été influencée par tout le monde plutôt que par moi; je retrouvais près de vous la même personne qui vous avait guidée dans cette malheureuse circonstance, et je n'avais nulle raison de lui croire à présent moins de pouvoir sur vous.

Savais-je, d'ailleurs, si vous n'aimiez pas votre cousin ?

— J'aurais cru, dit Alice, que ma manière d'être avec vous, quand je vous rencontrai, vous avait prouvé le contraire.

— Je l'avais mal interprétée. Mais enfin, le ciel a envoyé nos amis Harville et Musgrove à mon secours ; ils m'ont fourni l'occasion de vous revoir sans M. Elliot, et je dois convenir que ces derniers jours vos regards, vos paroles, un je ne sais quoi qu'on ne peut définir, avaient un peu relevé mes espérances ; mais votre entretien de ce matin avec Harville a dissipé tous les nuages amoncelés entre nous, et m'a fait lire dans le cœur fidèle et généreux de mon Alice. Oh ! quand je vous entendis soutenir de la manière la plus forte et la plus touchante la constance des femmes, quelle peine j'eus à modérer mes transports ! Qu'il m'en coûtait de ne pouvoir me jeter à vos pieds, et vous jurer qu'il existait aussi un homme qui n'a aimé et n'aimera jamais qu'une fois ! Un sentiment irrésistible me fit saisir une feuille de papier, et me força de vous avouer ce que j'éprouvais. Cette lettre, écrite avec un cœur brûlant, et sans presque savoir moi-même ce que je traçais sous sa dictée, n'en a pas moins trouvé grâce devant vous, et décidé de mon bonheur. »

Ils étaient arrivés devant la maison : Alice, bien plus heureuse que lorsqu'elle en était sortie, prit congé de Wentworth jusqu'au soir. Le projet d'Alice en rentrant était de parler d'abord à son père, de le prier d'approuver la *ferme* résolution où elle était d'épouser le capitaine Wentworth, et de donner à ce dernier la douce surprise d'être reçu le soir comme un fils ; mais sir Walter était tellement occupé de sa toilette et de l'élégante soirée qui devait avoir lieu chez lui, qu'elle comprit qu'elle ne serait pas écoutée, et remit avec regret sa communication au lendemain matin.

L'heure de la réunion arriva : les deux salons furent éclairés avec les jolis transparens qu'Alice avait faits; la compagnie se rassembla; il y avait beaucoup de monde : le baronnet et sa fille aînée étaient en pleine jouissance. C'était un mélange de gens qui ne s'étaient jamais rencontrés, de gens qui se rencontrent trop souvent, et non un rassemblement d'amis comme Elisabeth l'avait annoncé ; la société était trop nombreuse pour l'intimité, et pas assez pour que la variété en fît le charme; mais Alice n'avait trouvé de sa vie une soirée aussi agréable. Le bonheur animait sa charmante

physionomie, où brillaient à la fois le sentiment
et la gaîté; elle faisait les honneurs de la maison de son père avec une grâce parfaite, et fut
généralement admirée plus qu'elle ne s'en doutait et ne s'en souciait : elle ne désirait que les
regards et le suffrage d'un seul être ; mais elle
se trouvait bien disposée pour tout le monde.
M. Elliot était là ; elle l'évitait, le plaignait de
n'avoir pas un meilleur caractère, se contentant
de lui témoigner de l'indifférence, mais nulle
aigreur : lady Dalrymple et miss Carteret lui
parurent plus affables et moins hautes; madame
Clay recherchait moins sir Walter; lui-même
et Elisabeth ne prêtaient point ce soir-là au ridicule, et n'étaient que très polis avec leur
compagnie. Elle parla tour à tour aux Musgrove, au capitaine Harville, avec l'expression de la plus tendre amitié. Ce dernier ami
si intime de Wentworth, et déjà le sien, lui
paraissait être pour elle un frère chéri ; et les
Croft, avec quelle aimable prévenance mêlée
d'embarras elle s'approcha d'eux, et leur témoigna le plus vif intérêt! Son trouble redoubla pour un moment quand l'aimable Sophie
lui dit tout bas, en lui serrant la main :
« Chère sœur ! Frederich est bien heureux,

et nous aussi. » Alice rougit, et lui rendit en silence son serrement de main amical.

Elle était aussi un peu embarrassée avec lady Russel, par le sentiment de ce qu'elle ignorait encore son secret ; elle lui parla peu, et put avoir quelques instans de conversation avec Wentworth ; sous le prétexte de lui faire admirer de beaux vases de plantes rares, elle lui dit à mi-voix :

« J'ai réfléchi sur le passé, mon cher Wentworth ; j'ai voulu juger impartialement entre vous et moi, du moins pour ce qui me regarde, et j'ai vu que j'avais agi comme je le devais, quoique j'en aie beaucoup souffert ; j'ai la conviction que je faisais bien en me laissant guider, à l'âge que j'avais alors, par l'excellente amie qui remplaçait ma mère, et que vous aimerez, j'en suis sûre, quand vous apprendrez à la connaître : ne vous y trompez pas cependant ; je ne veux pas dire qu'elle n'ait pas erré dans ses conseils ; mais mon devoir était de me soumettre à ce qu'elle croyait de bonne foi être le mieux pour moi ; si j'avais agi autrement, croyez que j'aurais plus souffert en me mariant contre le gré de mon amie et de mes parens qu'en cédant à leur volonté, parce que j'aurais eu des remords, au lieu que je n'avais que de l'affliction. Je n'ai rien au monde à me reprocher ni avec mes parens, ni avec lady Russel, ni avec vous, que je n'ai pas cessé d'aimer; et, si je ne me trompe, le sentiment de leurs devoirs n'est pas la moindre partie du bonheur des femmes. »

Il la regarda, ainsi que lady Russel, et il dit : « Je ne puis pardonner tout-à-fait à votre amie ; il faut qu'elle souscrive à ma félicité comme elle a contribué à mon malheur, et qu'elle use maintenant de ses moyens de *persuasion* pour vous prouver que vous me devez le dédommagement de tant d'années de souffrance ; mais j'ai aussi réfléchi à ce sujet, et je crois que j'avais un ennemi bien plus digne de blâme que lady Russel : c'était moi-même. Dites-moi avec franchise, quand je revins en Angleterre, en l'an 8, avec le titre et les appointemens de capitaine de la *Laconia*, si je vous avais écrit, m'auriez-vous répondu ? Auriez-vous consenti à renouveler notre engagement ? Vos parens m'auraient-ils accepté ?

— J'en suis sûre pour moi, et je le crois pour eux, répondit Alice.

— Bon Dieu ! s'écria-t-il, j'en eus un moment l'idée ; il me semblait que vous seule pouviez couronner mes succès; mais j'étais trop fier, trop orgueilleux, trop mécontent de vous, trop irrité contre lady Russel ; même en vous revoyant, je n'ai pas voulu vous comprendre; j'ai fermé les yeux, endurci mon cœur; je n'ai pas voulu vous rendre justice: j'étais un fou, un insensé, et je dois pardonner à tout le monde plutôt qu'à moi-même. Je pouvais m'épargner six années de séparation et de souffrances : cet orgueil qui m'a fait tant de mal me persuadait que je devais à moi-même chaque bonheur dont je jouissais; je me glorifiais de mes honorables peines et de mes justes récompenses, et je me croyais bien près d'être un grand homme quand je disais, dans mes revers : Il faut tâcher de plier mon esprit à ma fortune; à présent, je dois apprendre à être plus heureux que je ne le mérite. »

Il demanda ensuite à Alice la permission de se présenter le lendemain à sir Walter pour lui renouveler la demande de sa fille ; elle y consentit, et se promit bien qu'il n'essuierait pas un second refus. Wentworth ne négligea rien, pendant la soirée, de tout ce qui pouvait plaire au père d'Alice ; il suffisait pour cela de sa belle tenue, de son grand uniforme de marine, de cette figure remarquable ce soir-là par l'air de bonheur qui l'animait et l'embellissait ; il y joignait des attentions qui enchantèrent le baronnet.

Alice, décidée à prévenir son père de son engagement, en trouva l'occasion le lendemain à déjeûner. Sir Walter fit un éloge si complet du capitaine Wentworth, qu'Alice même n'aurait rien pu y ajouter. « Quelle noblesse dans cette figure! disait-il avec extase, quel beau port! quel air martial et doux en même temps! de la grâce, de l'usage du monde, poli, parlant bien; je n'ai pas vu de figure d'homme, excepté *un* ou *deux*, qu'on pût lui comparer; il me raccommode avec les marins, et si j'avais pu prévoir ce que celui-là deviendrait un jour... » Il se tut, et jeta un regard sur Alice, qui prit tout-à-coup son parti. « Il en est temps encore, dit-elle en souriant, et si le capitaine Wentworth vous plaît..., j'avoue..., j'avoue que....

— Eh bien! quoi? Qu'avouez-vous?

— Qu'il me plaît aussi beaucoup, dit-elle en baissant la voix, et plus encore par sa constance que par sa figure; il m'a conservé l'attachement que vous n'approuvâtes pas il y a quelques années : peut-il espérer maintenant votre aveu? Je ne vous cache pas qu'il a le mien et que je me suis engagée.

— Engagée avec le capitaine Wentworth ! Je comprends très-bien que vous le vouliez, mais lui?

— Il viendra lui-même ce matin ; puis-je compter pour le capitaine sur un accueil favorable ? Lui confirmerez-vous, sir Walter, ce que j'ai osé lui promettre ?

— Sûrement, bien sûrement. Vous êtes heureuse, Alice, d'avoir su fixer si long-temps un aussi bel homme, et vous pouvez vous vanter d'avoir un mari comme il n'y en a pas beaucoup, *et un père,* » dit aussi un regard sur la glace.

Elisabeth reçut cette nouvelle avec la dignité convenable, charmée d'avoir un beau-frère d'une aussi belle tournure; cependant ses lèvres un peu serrées et le son de sa voix annonçaient son étonnement de la constance de Wentworth, et son dépit de rester la dernière sans mari; mais elle comptait encore sur son cousin Elliot, qui serait baronnet un jour; ainsi elle aurait toujours le pas sur sa sœur. Par la même raison peut-être, madame Clay parut très-satisfaite, et l'était en effet.

Après avoir embrassé et remercié sir Walter, Alice dit qu'elle voulait parler de cela à lady Russel, et qu'elle y allait. Sir Walter parut surpris et flatté qu'elle ne sût rien encore;

il était charmé, dans cette occasion, d'avoir le pas sur elle : Allez, lui dit-il, cela convient, et je pense que de sa part il n'y aura nul obstacle ; dites-lui bien qu'il n'y en a point de la mienne ; qu'elle le veuille ou non, cela sera ; présentez-lui mon entier dévouement : allez, ma chère Alice. »

Jamais encore son père ne l'avait appelée *ma chère Alice*; elle n'avait de prix à ses yeux que depuis qu'elle était recherchée par un aussi bel homme : « C'est inconcevable ! disait-il de temps en temps en se promenant et regardant Alice, c'est très-singulier ! »

Elle le laissa à son étonnement, et fut chez lady Russel, qu'elle avait prévenue, la veille, de sa visite. Non sans émotion et sans larmes, elle lui ouvrit son cœur tout entier, et les pleurs de son amie coulèrent à l'idée des longs tourmens de son Alice. Elle l'aimait plus encore que ses opinions, quoiqu'elle y tînt beaucoup; et donna son plein consentement à son union avec celui à qui elle avait donné son cœur depuis si long-temps, et qui avait fait aussi ses preuves de constance. Les vingt-cinq mille livres sterling qu'il avait gagnées par sa bravoure ne gâtèrent rien à ce mariage. M. Elliot fut remis à sa vraie place, et dépouillé de l'estime et de l'admiration de lady Russel. Elle fut très-fâchée de s'être trompée dans son jugement sur lui, et s'avoua à elle-même, avec un degré d'humiliation, qu'elle avait été influencée sur lui et sur Wentworth uniquement par les manières extérieures : la gaîté, la vivacité, la franchise du jeune marin, n'étaient pas dans son genre, tandis que la manière douce et flatteuse, la politesse, la raison qu'affectait M. Elliot l'avaient enchantée; il ne lui restait rien à faire que d'avouer qu'elle avait été dans l'erreur, et de chercher à réparer le mal qu'elle avait fait à son Alice. Malgré ses petites prétentions à l'esprit, au bon ton, à la raison, lady Russel était une excellente femme, qui avait pour Alice un cœur de mère, qui s'attacha avec les mêmes sentimens à l'homme qui assurait le bonheur de sa chère enfant.

En sortant de chez lady Russel, Alice fut chez madame Smith, qui partagea vivement son bonheur; elle lui promit un *ami* et un *protecteur* plus zélé que M. Elliot, et lui tint parole. Wentworth, ayant été aux Indes plus d'une fois, y avait des connaissances; il les fit agir pour l'affaire de madame Smith avec tant d'activité, qu'il vint à bout de la remettre en possession des propriétés qu'elle avait dans ce pays lointain, et de les réaliser; elles se trouvèrent assez considérables pour la faire vivre dans une honnête aisance. Sa santé se rétablit aussi par l'efficacité des bains; elle put faire à ses vrais amis de fréquentes visites, que son esprit et sa gaîté leur rendaient très-agréables, et qui augmentaient leur bonheur. Ce n'est pas le tout d'être heureux, il faut encore avoir quelqu'un avec qui on puisse parler de son bonheur; et une aimable et véritable amie est une précieuse acquisition dans un bon ménage, Wentworth et son Alice en sentirent tout le prix.

Charles et Maria furent aussi très-satisfaits du mariage de leur sœur : le premier, parce qu'il l'aimait véritablement, et qu'il faisait grand cas des talens de Wentworth pour la chasse; Maria, parce que sa gaîté l'amusait, et surtout parce qu'il n'était pas *baronnet* : toute sa crainte était que les deux sœurs ne fussent titrées, tandis qu'elle n'était que *madame Charles Musgrove*.

La nouvelle du mariage d'Alice parvint à M. Elliot au moment où il s'y attendait le moins, et lui donna la double mortification de n'avoir pas su le prévenir, de perdre l'espoir d'épouser Alice, qui lui plaisait, et d'acquérir ainsi le droit de surveiller son beau-père, et d'empêcher qu'il ne se remariât ; mais il n'était pas homme à n'avoir qu'une corde à son arc ; son amour pour Alice ne l'empêchait pas de chercher en secret à en inspirer à madame Clay, assez pour être sûr qu'elle n'épouserait pas sir Walter, qui y pensait alors sérieusement, croyant être débarrassé de ses trois filles. Le cousin Elliot, d'après ses calculs, ne devait pas tarder à demander la main d'Elisabeth, celle-ci en était également convaincue ; sa fausse amie, pour cacher son intrigue, le lui avait persuadé : elle fut tirée de son erreur, d'abord par le départ de M. Elliot, qui prétexta des affaires, et par celui de madame Clay, qui les quitta peu de jours après, pour voir, disait-elle, son bon père et ses enfans, et qui alla droit à Londres loger dans la même maison qu'habitait M. Elliot et vivre sous sa protection.

Elisabeth et sir Walter furent indignés, comme ils devaient l'être, de la duplicité des êtres sur lesquels ils comptaient le plus, et qu'ils croyaient s'attacher pour leur vie ; les jouissances du monde et de leurs beaux salons les consolèrent, ainsi que le mépris qu'ils vouèrent à ceux qui les avaient si indignement trompés : ils espérèrent d'ailleurs réparer facilement cette perte.

Elisabeth comptait sur sa belle figure, et celle de sir Walter n'était pas, selon lui, encore à dédaigner, non plus que son titre, qu'il aurait bien voulu pouvoir ôter à son perfide cousin; mais Elisabeth n'approuvait pas ce genre de vengeance : elle employa toute son influence pour qu'il ne lui donnât pas une belle-mère, et jusqu'à présent l'occasion de lui donner un gendre ne s'est pas présentée.....

Vraisemblablement ils finiront leur insipide vie ensemble, lui sans femme, elle sans mari, et n'étant pas très-malheureux dans leurs beaux salons.

M. Elliot vit encore avec madame Clay par habitude; elle l'aimait passionnément, parce qu'elle lui avait sacrifié la presque certitude d'être d'abord lady Elliot; elle espère bien l'être un jour; et toute sa ruse, toute sa duplicité, toute sa séduction, sont en jeu pour cet objet; M. Elliot n'en a pas moins qu'elle, et finira par se laisser enlacer. Quand une femme n'a qu'un seul objet en tête, et qu'elle y met toute la persévérance dont elle est susceptible, il est rare qu'elle ne réussisse pas; M. Elliot l'épousera, et ce sera sa punition.

Nous n'avons plus rien à dire d'Alice et de Wentworth; ils sont heureux autant qu'on peut l'être ici-bas, et le seront toujours de même, parce que leur bonheur est fondé sur de solides bases ; que leur affection mutuelle, mise à une si longue épreuve, ne peut ni changer ni s'affaiblir, et que tout autour d'eux tend à la fortifier. Alice va bientôt devenir mère, et se félicite de l'espoir de donner à son cher Wentworth un fils qui lui ressemble ; il en dit autant d'une fille, portrait de son Alice : ainsi cet enfant, quel que soit son sexe, ajoutera à leur bonheur. Alice a apporté bien peu de fortune à son mari, mais la sienne suffit à leurs désirs : lady Russel l'augmentera sans doute ; mais tous deux désirent reculer ce moment jusqu'à la fin de leur propre vie.

Au moment du mariage d'Alice, qui fut peu retardé, Wentworth n'avait pas encore de demeure fixe ; ils allèrent passer quelque temps chez Edward Wentworth, son frère aîné, possesseur d'un charmant bénéfice : Alice se lia intimement avec sa belle-sœur, et ce fut encore un accroissement de bonheur ; ils demeurèrent ensuite à Kellinch, chez les Croft et chez lady Russel. Wentworth acheta une charmante campagne dans ce lieu chéri, où ils purent à leur tour recevoir leurs amis.

La crainte d'une guerre maritime est la seule

chose qui puisse troubler leur félicité; mais Alice ne voudrait pas ôter un défenseur à la patrie, et arrêter la noble carrière de l'époux dont elle se glorifie : elle sait que le bonheur sur cette terre ne peut être parfait, et qu'elle doit supporter les alarmes et les dangers d'un état plus distingué encore, s'il est possible, par les vertus domestiques que par son importance nationale.

FIN.

OEUVRES DE Mme. DE MONTOLIEU.
OUVRAGES PARUS.

ROBINSON SUISSE; 5 vol. in-12, figures et carte, 15 fr.
SAINT-CLAIR-DES-ILES, ou les Exilés à l'île de Barra; 3 vol. in-12, figures, 9 fr.
TABLEAUX DE FAMILLE, traduit d'Auguste Lafontaine; 1 vol. in-12, figure, 3 fr.
PRINCESSE DE WOLFENBUTTEL, traduit de l'allemand; 1 vol. in-12, figure, 3 fr.
CAROLINE DE LICHTFIELD; 2 vol. in-12, avec figures et musique, 6 fr.
CORISANDE DE BEAUVILLIERS; 1 vol., figure, 3 fr.
UN AN ET UN JOUR; 2 vol., figures, 6 fr.
LUDOVICO, ou le Fils d'un homme de génie; 1 vol. in-12, figure, 3 fr.
FAMILLE ELLIOT, ou l'Ancienne Inclination, traduit de l'anglais; 2 vol., figures, 6 fr.
ONDINE, conte suivi de VINGT ET UN ANS, ou le Prisonnier; traduit de l'allemand; 1 vol. in-12, fig., 3 fr.
NOUVEAUX TABLEAUX DE FAMILLE, traduit d'Auguste Lafontaine; 3 vol. in-12, figures, 9 fr.
OLIVIER, traduit de l'allemand; 1 vol. in-12, fig., 3 fr.
DUDLEY ET CLAUDY, ou l'île de Ténériffe; traduit de l'anglais, de madame Okeeffe; 5 vol. in-12, fig., 15 f.
CHATEAUX SUISSES, augmentés de deux nouveaux Châteaux; 3 vol. in-12, figures, 9 fr.
TANTE ET NIÈCE, traduit de l'allemand; 3 vol. in-12, figures, 9 fr.
SIÉGE DE VIENNE, roman historique, traduit de madame Pichler; 3 vol. in-12, figures, 9 fr.
AGATHOCLÈS, ou Lettres écrites de Rome et de Grèce, traduit de madame Pichler; 3 vol. in-12, fig., 9 fr.
RAISON ET SENSIBILITÉ, ou les deux Manières d'aimer; 3 vol. in-12, fig., 9 fr.
COLLECTION DE NOUVELLES, tomes I et II, 2 vol. in-12, fig., 6 fr.

IMPRIMERIE DE MADAME HUZARD (NÉE VALLAT LA CHAPELLE),
Rue de l'Eperon, n°. 7.

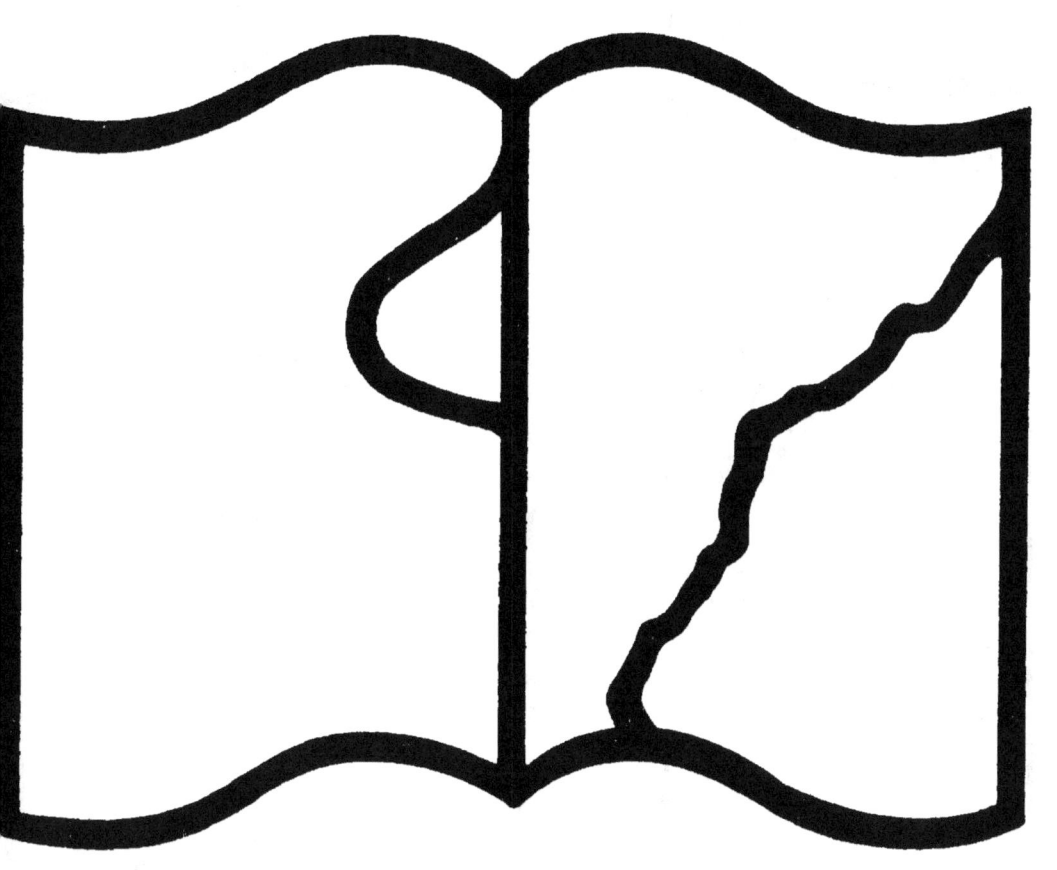

Texte détérioré — reliure défectueuse

NF Z 43-120-11

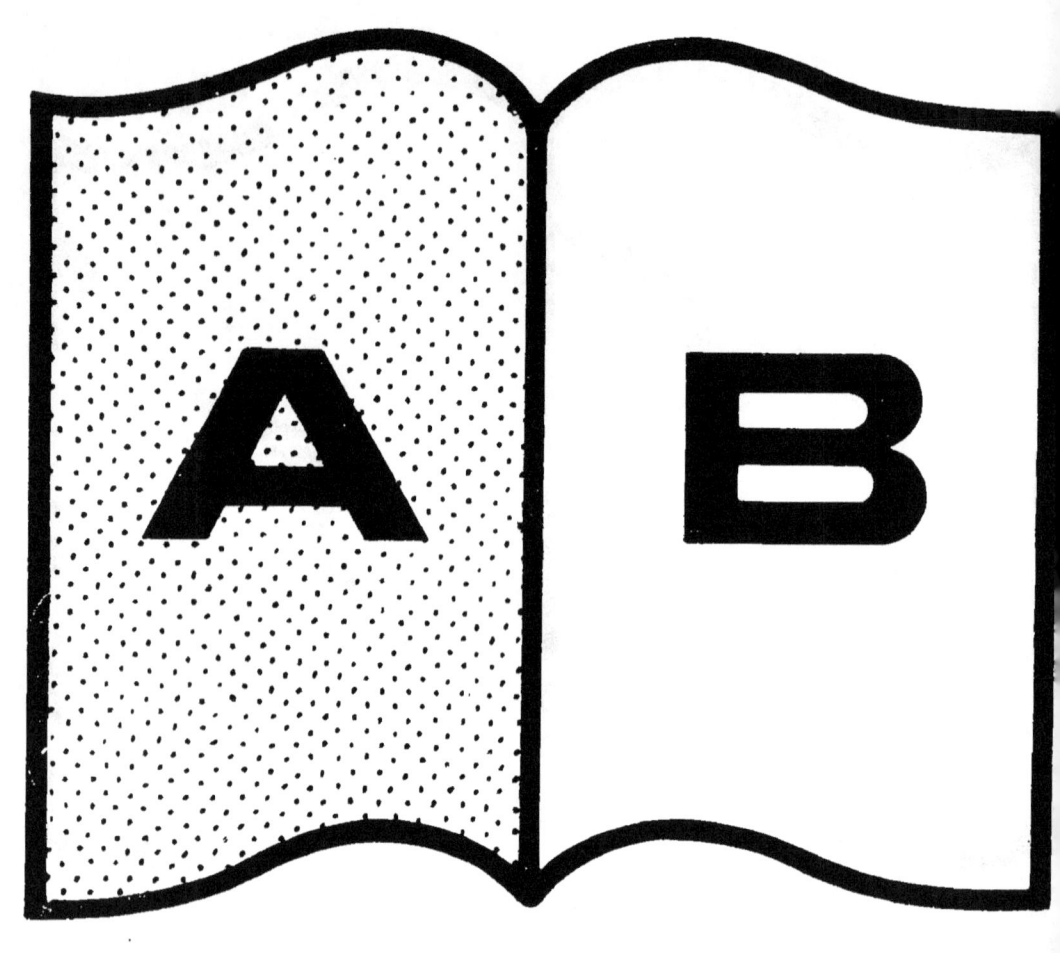

Contraste insuffisant

NF Z 43-120-14

www.ingramcontent.com/pod-product-compliance
Lightning Source LLC
Chambersburg PA
CBHW071132160426
43196CB00011B/1874